中国通商银行简史

谢俊美 著

上海书店出版社
SHANGHAI BOOKSTORE PUBLISHING HOUSE

目录

1

前　　言

中国通商银行(以下简称通商银行)是中国人自己开办的第一家资本主义商业银行。创办人是近代中国著名官僚、实业家盛宣怀。1897 年 5 月 27 日(清光绪二十三年四月二十六日)经当时清政府批准成立于上海,于 1952 年并入上海市人民银行,前后存在了半个世纪多。其间先后经历了晚清、中华民国南京临时政府、北洋军阀统治和南京国民政府时期,主持经办人物前后换了三个:盛宣怀、傅筱庵和杜月笙。它的历史可说是近代西方金融资本入侵中国、中国应对的缩影,也是近代中国社会经济金融变迁的缩影。

通商银行是由盛宣怀一手创办起来,并前后督办了近二十年。至于他为什么要创办通商银行,他的银行计划是什么? 银行开办当中经历了哪些艰难曲折? 开办后他又遇到哪些阻力和挫折? 通商银行和本国钱庄、票号、银号以及与外国银行的关系到底如何? 通商银行经营不善到底是何原因? 有哪些经验教训值得我们借鉴和吸取? 如此等等,都是具有十分重要意义的课题,值得我们去探讨和研究。

因为通商银行是国人自办的第一家银行,所以,无论在解放前,还是在解放后,有凡经济史、特别是货币金融史之类的论著都要提到它,但也仅仅提到而已。可能是因为资料缺乏,不少论著甚至将它开办的时间、资本数目、董事人数、人名、分行几处、首任华大班是谁等等都搞错了,更谈不上对它的研究了。上个世纪六十年代,上海市人民银行金融研究室在编辑上海钱庄史料时,曾将他们保存的有关通商银行十多万资料(有说六七万字)加以整理,计划将其中一部分在北京近代史研究所办的《近代史资料》上发表,但最终未能刊出来。后来由著名金融史专家洪葭管先生执笔,用“金研”笔名,以《中国第一家银行——中国通商银行史料》书名加以出版。洪先生的这本书,虽说是史料介绍(这些内容盛档中全有,但盛档当时尚未公开),但其实介绍的本身已带有研究性质,尤其是书中业务活动的评述,这是通商银行史研究迈出的第一步,十分可贵。除了洪先生的这本资料介绍外,在我研究之前,还有两篇关于通商银行性质的讨论文章,主要内容是争论通商银行是不是从旧式钱庄票号基础(特别是严信厚经营的钱庄票号)上办起来的,刊在《光明日报》上。除了这两篇文章外,再也未见有人写过有关通商银行的文章(国外是否有人研究,不了解)。

我1967年毕业于南开大学历史系,学的是历史,对于经济史,尤其是银行史可以说是门外汉。记忆中所学的都是系主任郑天老(天挺)以及王玉哲、杨志玖、杨翼骧、吴廷璆、魏宏运和来新夏等先生当年授课的东西。涉足通商银行史的研究完全是一个偶然机会。"文革"结束的1978年,恢复研究生招生,我考入华东师范大学历史系,有幸师从著名历史学家陈旭麓教授学习中国近代史,跟随他从事中国近代社会新陈代谢研究。毕业留校,继续在他身边学习研究,直至先生辞世,前后长达十年,其受益之多,一时难以言表。

"文革"期间,盛宣怀的档案已被清理。1979年冬,经陈先生推荐,我和另一名研究生被派往当时坐落在南京路上的上海图书馆参加盛宣怀档案资料整理。按照原来的计划安排,我负责整理通商银行和电报局两部分。由于时间紧迫,我只完成了通商银行这部分档案资料的整理,电报局档案资料只是粗粗浏览了一遍,未及誊抄整理。整理档案资料苦累脏不说,主要是要规范,它是学术研究中带"技术含量"的活儿,不了解每件资料的来龙去脉,就很难定夺,这是做学问的基本功。这对我来说既是个锻炼,也是个考验。在南开,我只读完基础课程,刚准备写毕业论文,就奉命去沧州盐山参加"社教",接着是"文革",基本上不知道如何整理档案文献。四十多年后的今天回忆起来,真要感谢在上图参加盛档资料整理这件事。它是我学术研究的起点,对我帮助实在太大了,它让我学会了如何整理文献,也让我对近代中国史,特别是晚清史有了更深入的了解。每当在整理中获得闻所未闻的历史记载,不知有多高兴,这大概就是"苦中有乐"吧。在一年多的日子里,我每天早上从静安寺附近的家中徒步到上图,与其他的前辈学者、同事一起从事盛档资料的整理。记得当时参加资料整理的有复旦的汪熙教授、上海师范大学的季平子教授、上海经济研究所的徐元基研究员、历史研究所的齐国华研究员、上海人民出版社的朱子恩编辑、上海图书馆的葛正慧老先生和武曦先生等人。顾廷龙先生和陈师先后多次来看望大家,嘘寒问暖,大家十分高兴。我因是外单位来的,中午不能在上图搭伙买饭,是陈师托上海人民出版社的朱金元编辑帮我解决的。汪熙教授是经济史专家,他负责指导我们的整理工作,对我帮助很大,亲自给我作示范,手把手地教,令我终生难忘。最让我难以忘怀的还是葛正慧老先生,他知识渊博,对近代人物掌故特别熟悉,又十分平易近人。当时我坐的位子正靠近他,每当我遇到资料中有不认识的草书字或冷僻字和专门词语,向他请教时,他总是用笔写在一张纸上轻声地告诉我。有时用中午短暂的休息间隙再向我讲一遍,使我增长了不少知识。季平子先生毕业于清华大学历史系,曾是南开历史系教授雷海宗的学生,他知道我是南开毕业的,见过雷老师,对我特别亲切,非常关心。正是由于诸多先生的关心帮助,使我顺利完成了盛档资料通商银行部分的整理。后来我在这些档案资料的基础上,在陈师指导下,写成了我的硕士论文。至于这部分档案资料,直到二十年后的 2000 年,经汪熙教授努力,才得以《中国通商银行——盛宣怀档案资料选辑之五》由上海人民出版社出版。"人生代代无穷已,江月年年只相似。"弹指四十多年过去了,当年在一起整理的先生以及陈师、顾廷龙、汪熙三位主编均先后相继作古,回想起来,令人不堪唏嘘!

　　研究生毕业留校后,我担任陈师近代史研究室学术秘书。主要精力用于教学和跟随陈师从事近代中国社会新陈代谢的研究,但对于通商银行的研究仍坚持未加停顿。1985 年将毕业论文的核心部分以《盛宣怀与中国通商银行》一文在《档案与历史》杂志上发表。论文发表后,引起了海内外经济、金融界的关注。新华社和中央电视台还进行专门采访和电视报道。香港轮船招商局所办期刊《招商局》见到后,将全文分五期转载。这种现象突显了学术界、经济界和金融界对通商银行史的关注和重视,也增强了我研究的信心。此后还发表过《通商银行天津分行开办始末》《外资银行夹击下的中国通商银行》《三十年代中国金融之我见》《上海金融中心之我见》等文章。

　　2014 年亚投行的建立不仅是我国金融史上,也是世界金融史上的一件大事,具有划时代的里程碑意义,它表明了中国经济正在影响世界并将引领世界。这件事令国人激动,也引起了我的无限遐思,遂决定将通商银行简史整理出版,经过数月努力,书稿大致完成。若从 20 世纪 80 年代起算,本书稿整整经历了三十多年,"三十功名尘与土",可见学术创新是何等的不易!此书的出版,一慰已故导师陈旭麓教授和诸多学术前辈当年的呵护与厚爱,二飨海内外的学者。它的出版,必将填补百年中国金融史上的这一空白,推动近代中国金融史的研究。

　　第一章共七节,分别是:第一节叙述通商银行开办前的中国金融状况。

这部分主要介绍了鸦片战争后到甲午战争前，西方列强依据不平等条约和治外法权在中国开设银行，对我国进行经济侵略的情况。外国银行是鸦片战争后，随着鸦片、商品、传教等同时来到中国的，在通商银行成立前后，约有20多家，若加上分支行和代理处，多达90个以上，如同大网分布中国各地，它们通过向清政府贷款，操控中国的政治、经济、对外贸易和汇兑等。甲午战后，列强对我国进行大量资本输出，直接开设各种实业，其中外国银行充当了重要角色，夺我财权，攘我大利，其中以英商汇丰银行为最，对中国民族工商业的发展造成巨大压力，外国银行在资金通融方面的刁难，也给中国民族厂商以强烈刺激，他们迫切希望国人能自办银行，挽回外溢之权。甲午战后，洋务官僚创办的不少企业因资金缺乏，经营十分困难，也企图通过动员和集中社会闲散资金，加上他们平日搜括所得，通过开办银行来加以解决。不过在甲午战前，虽有不少人如洪仁玕、容闳、李鸿章、郑观应等提出办银行的建议和主张，但受当时诸多条件限制，均未能实现。本章还介绍了中国旧式金融机构钱庄、票号、银号的情况，这些机构依托封建各级政权，存解、汇兑官款，直接为封建政权服务，势力十分牢固。

第二节叙述盛宣怀的银行计划。这部分首先介绍了通商银行为什么由盛宣怀倡导和开办，盛宣怀父亲盛康的经世思想对盛宣怀的影响，盛宣怀与李鸿章的关系，盛宣怀对洋务企业的督办及督办期间积累了大量财富和经营企业的经验教训。此外，接办汉阳铁厂，任铁路总公司督办，经手铁路外债借款等均与他决定开办银行有关。盛宣怀集官僚、实业家于一身，又与封建政权高层关系密切，在当时的中国，这种人实不多见。要倡导开办银行，非他莫属。本章着重介绍盛宣怀的银行计划。他要开办的银行是一家既非官督商办，又非官商合办，更非纯粹民办，而是一家官督、官助、民办三位一体的商业银行。银行不领官股，以防政府插手、干预行务；但领存官款，以示政府支持维护；又要享有只有国家银行才享有的特权诸如铸币、存解汇兑官款、承办代理国债等特权。他要开办一家像英商汇丰银行那样的银行：银行分行开设全国各省会、主要通商口岸以及欧美各国首都和日本、东南亚等重要商埠的银行。这个计划体现了他作为一名中国人想要开办世界银行的梦想和追求，在当时是很有见地的，很了不起。有清一代，能提出如此宏大银行计划的，仅此一人而已。

第三节叙述通商银行开办经过。内中包括选董、招股、订章、招聘华洋大班、建立华洋大班和开办各地分行。集中反映盛宣怀联络中外金融力量和人才的办行思想。先后挑选了10名总行董事，其中有华侨领袖、富商张振勋,钱庄票号实力人物严信厚,买办叶成忠,广东富商刘学询,招商局、电报局提调杨文骏、陈猷、施则敬等洋务企业的管家等。聘请钱庄老板、上海钱业董事陈淦为华大班,以联络银钱两业,开展业务。招聘曾在汇丰银行办事多年的英人美德伦为洋大班,建立以美德伦为首的洋帐房,主管银行业务,体现了他借材异域、争取打开和向国外拓展金融业务的雄心计划。银行章程的制订"悉以汇丰为准",则完整地体现了他办行的原则、办法和布局及用人行政。本节论述了银行开办过程中遇到的内外阻力,英、俄等国及海关总税务司赫德的阻挠和清朝统治集团内部分官僚和守旧势力的刁难,尤其是总理衙门个别王公大臣的驳诘,给各地招股带来的困难,但银行最终在翁同龢、李鸿章、王文韶等大臣支持下开办起来。

　　第四节介绍通商银行早期经营活动及其特点。本节论述了通商银行开办初年经营较好,收付相抵有所盈余。存放款的对象主要是官僚和官府(关道、县、道、藩库官款等)、工矿企业(主要是盛操控的企业,如招商局、电报局、华盛纺织局、又新纺织厂、汉阳铁厂、大冶铁矿、萍乡煤矿等)、工商业(包括民族厂商)、钱庄、外国洋行等。对社会经济,特别是对民族工商业提供了一定有限的资助。在银行管理层面安插私人亲信,利用银行资金从事地产投机和金银外汇买卖等。

　　第五节论述了盛宣怀银行计划的受挫与通商银行的艰难运营。1900年京津地区爆发义和团运动,英、法、美、德、日、俄、意、奥八国借口保护使馆和侨民组织联军,发动侵华战争。战争中北京分行遭抢被毁,京津两分行因放款无法收回和客户催还存款,造成严重亏损。镇江分行则发生大班亏欠镇江关道巨款,造成银行亏损严重。继而1903年又发生日本人伪造通商银行钞票,造成银行钞票被挤兑的风潮,银行信誉受到严重损坏。银行亏损高达100多万两。为了弥补行亏,维持经营,采取收缩分行、裁撤洋帐房、股票减息、增发新钞、争存铁路外债存款、上诉香港最高法院,向天津分行梁景和保人梁绍刚追索天津分行亏欠;在两江总督和江苏巡抚的大力协助下,通过查抄镇江分行大班尹稚山家产,追讨镇江分行欠款等情形。

　　第六节分析盛宣怀银行计划受挫原因。指出外国金融资本的强大,在华外国银行的排斥挤压,英、俄、奥地利等国图谋吞并,日本侵略分子的破坏;封建旧式金融势力的牢固,通商银行一直处于这两种金融势力的夹击之下,势单力薄,很难发展。中国产业不发达,资本无多,银行存款来源有限。中国金融制度不完善,还没有自己的证券市场,币制又十分混乱,据说流通的货币有110多种,中外货币均有,严重影响了通商银行业务开展。一个健全的金融组织，要有两个市场：一是长期金融市场（证券市场），是借股票和公司债券的承受和投资，使工商业得着资本。二是短期金融市场（票据市场），是借票据的承兑和贴现，使工商业得到流动资金。但当时这两个市场，全为外国银行所把持。中国民族资本有限，无力发行债券，因此中国无自己的证券市场，所以，通商银行业务无法得以扩展。银行缺乏管理人才，洋大班不好好干，董事不会干。银行缺乏监管制度，各地分行大班多数为庄号老板，借办行为名，挪用行款，营私舞弊，图谋私利，以致银行严重亏损。统治集团内部矛盾，也是影响银行业务的一个不可忽视的原因。

第七节叙述盛宣怀督办通商银行的终结。辛亥革命中，清朝被推翻，盛宣怀失去了昔日权势、地位，他的银行督办一职无形中丧失。辛亥革命前后，招商局营业连年亏损，早将所购通商银行股票80万两作为股息搭放出去，而电报局所购20万两则早在1898年就作为股息分发给股东，以致通商股票分散到数千客户手中。鉴于盛宣怀的倒台，广大客户要求召开股东大会，选举新的总董。1914年通商银行召开首届股东大会，选举产生新的董事会，自此通商银行管理权逐渐落入傅筱庵手中。盛宣怀督办通商银行的时代就此结束。

为了使读者对通商银行的历史有一个较为完整的了解，书的第二章介绍了傅筱庵经管通商银行的大致情况。辛亥革命前后，轮船招商局因经营状况不佳，将当年所承购的通商银行股票作为股东利息早就搭放出去，以致持有通商银行股票的人更多。而电报局所承购的通商股票也早已作为股息搭放出去。由于政权更迭，盛宣怀的督办一职无形中丧失，于是在广大股东的强烈要求下，通商银行于1914年召开首届股东代表大会，增选新的董事，傅筱庵在新当选董事之列。此后因当年的董事年已衰老或相继作古，权力渐渐集中到傅筱庵手里。傅是浙江人，买办出身，人脉甚广，办事精明，被推为董事长兼总经理。他主持期间，正值第一次世界大战，西方列强忙于火拼厮杀，无暇东顾，中华民族工商业有了较大发展。通商银行业务也是蒸蒸日上，不仅还清历年亏空，而且年年有余。1916—1927年间是通商银行历史上经营最好的时期，吸收的存款多，放款亦多，因此获利亦多。股息由8厘升至1分2厘，其中连续三年竟升至每股息银2两。通商银行这一时期放款最大最多的户主是北洋军阀各届政府。军阀混战，需要军费，便滥发债券，通商银行向军阀政府贷款、承购大量债券，既支持了北洋政府，又从中获取了巨额暴利。当政治与金融因为利益绑在一起，不能不影响傅筱庵的政治倾向。在1924—1927年的第一次大革命中，傅筱庵公开支持孙传芳，对抗国民革命军北伐军,遭到通缉,逃往大连。杜月笙这时已经投靠蒋介石,他素怀吞并通商银行的野心。通过与南京国民政府军政部的徐桴、朱孔阳的关系,国民政府撤销了对傅的通缉。傅回沪后,为了表示感激,改组了银行董事会,杜、徐等遂双双当"选"银行董事,趁机将他们的势力打入通商银行。

书的第三章介绍了杜月笙任董事长时期通商银行的经营情况。1935年南京国民政府实行"币制改革",宣布白银国有,规定中央、中国、交通三家银行钞票为国家指定法币。通商银行自此失去钞票发行权。由于银行用巨资在河南路口建造营业大厦,银行准备金严重不足,遂被财政部查证属实,于是又是杜月笙出面,由政府加入"官股",将银行变成"官商合办",事情才得以平息,而杜月笙在政府支持下,"名正言顺"地当上了银行董事长,将通商银行夺取到手。

杜月笙任董事长后,通商银行变成了为国民党官僚资本集团和他本人敛财的工具,进行各种金融投机活动,利用抗战,大发国难财。解放战争中,支持蒋介石反动政权,直至垮台。

附录部分较详细地记录了通商银行五十多年中大事纪要,与银行有关的人物简介,通商银行早期史上若干问题的辨伪以及本书写作中查阅参考书目文献资料举要。此外,要说的是,作者是历史专业出身,经济史特别是金融史,非吾所长,且书稿成于三十多年前,与今相隔遥远,人事几多变迁,当年所查阅引用的大多书籍、资料,今日已不复见,无法再对书稿中的引文进行一一复核校对,论述中讹误不免,敬请见谅。

第一章　盛宣怀与通商银行

第一节　通商银行开办前的中国金融状况

近代中国经济,是自欧洲资本主义的重炮击败中国清王朝即鸦片战争后开始的。鸦片战争的结果如同一颗巨石投入一个好像止水不波的中国经济的池沼内,顷起波澜,并由此而引起一系列的变化。银行是资本主义的特殊经营企业,是资本主义发展的产物。列宁说过:"银行是现代经济生活的中心,是全部资本主义国民经济体系的神经中枢。"("大难临头,出路何在")银行本身不是生产机构,它只是市场的中介,充当调节乃至操控作用。作为资本主义金融事业的银行,在鸦片战争后,也和外来的文化、宗教一样,跟着外商来到中国。外商一方面要将大量商品运到中国倾销,高价出售,牟取暴利;另一方面,又需要大肆掠夺中国的原料,回国加工成产品,再反销中国和世界其他各地:他们的买卖无论是他们之间或与中国商人之间均离不开作为货币结算的金融机构——银行。此外,西方殖民侵略者十分清楚,要达到完全支配中国的目的,专靠军事政治力量还不够,只有用经济入侵,即财政资本的支配,才能奴役中国。各国在华银行,主要担负这种使命。

不平等条约和通商口岸的开放,使外人在华活动的阻碍大大减少。从1845 年 4 月英国丽如银行在香港设立分行起,到 1895 年中日甲午战争结束止,各国在华设立的银行多达 14 家,其中英国 9 家,它们分别是:丽如、有利、麦加利、汇隆、阿加剌、汇丰、惠通、汇川、中华汇理银行;法国 2 家:法兰西、东方汇理银行;德国 2 家:德意志、德华银行;日本 1 家:横滨正金银行。①这些银行对于推动对华殖民经济侵略、扩大对华商品输出和掠夺中国原料起了重大作用。

---

① 杨端六:《清代货币金融史稿》,第 231—233 页。

日本横滨正金银行在上海,现址为中国工商银行上海市分行(中山东一路 24 号)

日本横滨正金银行在上海,现址之优秀历史建筑名牌

　　19 世纪后半期,资本主义各国先后进入帝国主义阶段,垄断代替了自由竞争,资本输出已成为主要的经济侵略形式。列宁指出:"在一切经济关系和国际关系方面,财政资本有异常伟大的势力,或者可以说是有决定一切的势力,能屈服政治上完全享受独立的国家,并且在实际上已经在屈服这些国家。但是,对于财政资本最'方便'最有利的属国,显然是这种失去政治独

立性的附属国家和民族。"①帝国主义时代,银行的主要任务已不是替工商企业担任支付的中介,而是与工业垄断资本融合在一起,成为财政资本的中枢,成为帝国主义垄断资本输出的指挥机构和执行机构。由于"瓜分中国的幻想在欧洲政治家的思想上占有重要的地位"以及"欧洲经济资源的巨大发展和资本过剩而引起了资本向世界的空前输出,股份公司的形成以及一般人对这种组织的承认,使资本家除了投资于远地的企业外,不能有其他办法,于是各国纷纷来华开设银行"。②甲午战争的失败,清政府的无能彻底暴露,列强随之在中国展开了划分势力范围的斗争,作为自己的独占市场、独占原料和独占投资场所。《马关条约》的签订则为外国在华投资设厂、扩大侵略铺平了道路,于是各国大举在华从事铁路修筑、开办厂矿,掠夺中国的资源和劳动力。"列国的银行及其分行犹如雨后春笋似的设了起来。"③从1895年到1911年清朝灭亡,这期间西方列强在华开设的银行又增加了9家,重要的有华俄道胜、法国巴黎贴现、美国花旗及荷兰银行。连战前的共20多家,如果加上它们在各地开设的分行、支行和代理处,其数目近90个。此外,这些外国银行,为了争夺铁路修筑和矿山投资,还暗中组织各种公司,或与其他公司联合组建投资机构,如中英公司就是由汇丰银行和怡和洋行合资组建而由前者指挥的。这种"公司""投资机构"就其性质来说,同银行并无区别,其侵略作用是一样的。因为设在半殖民地的中国,同样也担负起相当的政治使命。

这些在华开设的外国银行,完全是非法的。"这些银行在中国营业并未和中国政府订立契约,中国政府并不曾颁发特许状,他们仅仅是在中国人隐忍之下进行的,他们受到列强势力的保护。"④外国银行由于享有治外法权和不平等条约的保护,可不受中国政府和财政当局的约束,凭其优越的政治经济势力推行近代银行的一切业务。他们投资各种企事业、包括文化教育等,发行债券、股票,广泛吸收中国人的巨额存款,其中不乏大小官员和商人,支配中国的工商业;发行准备不足或毫无准备的纸币,搜括中国人的脂膏,扩大自己的资本;吸收中国的现银,自由装运出口,扰乱中国金融市场,破坏中国币制统一和信誉;垄断中国的外贸以及由此而生的中外汇兑业务,外国银行作为列强在华代理人,名副其实地发挥了经济侵略的威力。

---

① 列宁:《帝国主义是资本主义的最高阶段》,《列宁全集》第22卷,第202—203页。

② 欧弗莱区:《列强对华财政控制》,中译本,第25页。

③ 佐野袈裟美:《中国历史教程》,第294页。

④ 《美国国际汇兑委员会报告书(1904年)》,第47页。

外国在华银行还通过向清政府借款,掌控中国的财政。甲午战争前,清政府因赔偿外国军费、镇压各地农民起义和兴修河工、开办洋务活动等,曾先后向外国银行举借过 11 笔外债,这些借款大多随借随还,余欠不多,但利息一般都很高。"最普通的是八厘,最高曾达到一分五厘。"①如 1878 年(光绪四年)陕甘总督左宗棠派胡光墉向汇丰两次合借银 500 万两,其利息即高达一分五厘。《左文襄公在西北》一书的作者秦翰才在书中说到,这次借款"当时很受人家责难的就是利息太高",还说当时《申报》有一篇评论,称这次借款是"饮鸩止渴"。②

清政府的财政,平时国库收入,尚能维持国内经费开支,若一遇突发事件或战事,则支绌万分。1887 年黄河在郑州决口,堵塞决口费用高达 600 多万两,加上光绪帝大婚需费,所以从 1888 年起便开始走上借贷度日,靠向外国银行借款维持。1894 年,日本一手挑起中日甲午战争,结果清朝惨败。根据《马关条约》,中国须向日本支付库平银 2 亿 3 千万两(包括所谓的"赎辽费"),实际在支付过程中,日本借口中国库平银分量不足、银的成分不纯,须补实足色,以及付款之日为防银磅兑换比价不利日本造成日本吃亏等,强迫中国订立所谓公平公正条款,总共又多向中国多勒索银 5 千多万两。为了支付这笔巨额赔款,清政府被迫向西方列强借贷。这些借款大多为政治借款,除了利息高之外,都还附有苛刻的政治条件作为担保。如 1895 年向俄法借款银 1 亿两,言明息四厘,九三又八分之一折扣。合同第四条中规定:"中国政府决定不以任何名义、任何利益,将中国境内税收之行政及管理事项,让与任何一国。假若中国政府对于列强中之任何一国给予此种利益,则此种利益,俄国亦应参与。"③在赓续向英德的两次借款中,中国政府向英国保证,海关总税务司一职将继续聘用英国人。规定在借款未偿清期间,海关行政"照常继续"。当时英国驻华公使窦纳乐奉本国政府训令,向清朝总理衙门提出:"中国海关总税务司永久聘用英国人。"④列强就是这样通过借款给清政府来控制中国的。

贷借洋债,除了"利息轻重常受挟持,镑价涨落,复多亏损"。⑤中国是用银国家,实行银本位,货币结算都以银两为计算单位。但国际结算大多采用

---

① 刘秉麟:《近代中国外债史稿》,第 11 页。
② 秦翰才:《左文襄公在西北》,商务印书馆 1945 年版,第 154—156 页。
③ 《清朝续文献通考》卷三百五十六,第 11000 页。
④ 刘彦:《中国近时外交史》,第 278 页。
⑤ 《清朝续文献通考》卷七十一,第 8277—8278 页。

金本位。因此,外债的清偿,非以银两折换成金币不可。而银价的变动常以金价为中心,而当时中国的外汇行市、镑价的标金权又操纵在外国银行之手。每当中国届期支付赔款时,"汇丰银行恒将先令挂缩,于是我国应付之银为数较多,此益于彼而有损于我者也"。[1]金银兑换比价的变动,使中国常吃镑亏。事实上,无论外国银行兑换金银比价中银两的比价是高还是低,吃亏的都是中国。银价高,输入昂贵的货物,使中国人民负担更重,咸受外货高价的压迫:在外国金价高昂时,中国输入并未因此减少,输出亦未增加,对中国更是大为不利。金贱银贵,外国商品正可借此大量输入,因而阻碍了中国的输出。同时,物价低落,购买力减退,对中国亦无任何好处可言。总而言之,最后总是中国做了外国资本与商品的牺牲品。"历年所受镑亏之损失甚巨,而此种损失是无法预先估计的。"[2]

这里需要特别提一下英国在华金融资本与汇丰银行对华的侵略活动。当时国际金融资本在中国最强的支配者首推英国。"英国商人及英国银行在对中国的企业投资及对中国政府的借款两方面,都处于领导的地位",而在所有在华外国银行中,"最主要是英商汇丰银行,它不仅垄断了中国的贸易和金融,而且在甲午战争以后更进一步地把持中国的财政经济"。[3]汇丰银行创办于1864年(同治三年),股本洋银1000万元。经过30年,到1894

今汇丰银行

①　杨荫溥:《中国金融论》,第327页。
②　刘秉麟:《近代中国外债史稿》,第22页。
③　雷麦:《外人在华投资》,中译本,第53页。

年(光绪二十年)结帐,除历年分利外,实存公积500万元,保险25万元,通行钞票997万余元,拥有存款(大多为中国官僚地主买办商人存款)10430余万元。其所发行钞票数几乎与其资本相埒。银行吸收的存款是资本的10倍还多。由于汇丰银行资本雄厚,因而常常借款给清政府。在1874—1887年清政府的11笔外债借款中,汇丰就占了7笔。1904年9月—1911年3月,清政府及各地方机构向外国借款计91次,其中由汇丰单独承借的有17次,汇丰分担的有8次,中英公司出面的3次,共计28次。"从前国债,汇丰经手居多,取息之重,加以镑价之亏,利源外溢,各国讥之。"①汇丰银行之所以能把持对清政府的借款,固然是由于英国对华经济侵略的势力强大,但也和当时充当中国财政顾问的海关总税务司赫德有关。"前税务司赫德为该行大股东之一,是以从前之小借款多由该行经理,因此获利甚巨,业务非常发达。"②"汇丰在中国垄断,赢数百万,皆我官民之脂膏。"③其实何止数百万。正如《汇丰—香港上海银行(汇丰银行百年史)》一书作者毛里斯、柯立斯所指出的,"汇丰银行大部分赚的钱仍来自中国"。"没有任何事情比得上替中国政府发行借款公债那样使汇丰银行博得声誉了。汇丰银行就是这样把款项一笔一笔地贷给处于日益困难与危急之中的清政府。对于汇丰银行来说,贷款是他的主要业务,但这些贷款也是符合英国的政策的。"④

外国在华银行操纵中国经济,垄断中国的国际汇兑业务与国内金融市场,并通过大量贷款,进而控制了清政府的财政,成为它们对中国实行经济侵略、加紧资本输出、吮吸中国人民脂膏的重要手段,这些铁的事实、教训,使得中国一部分官僚士大夫知识分子开始认识到创办银行的重要性,萌发了国人自办银行的念头。此外,在甲午战争前,随着洋务运动的开展,中国资本主义有了初步发展。近代工业的建立,商品经济的活跃,封建经济结构某些方面的破坏,社会上货币财富有了一定的积累,这些都为信用的扩大提出了要求。西方资本主义金融方式、制度、理论的传入,特别是在华外国银行的设立和运作实践,使中国人直接地看到它的重要意义和新的金融组织和业务经营方法。外国银行在华投资各种实业、发行货币获取高额利润也给一部分官僚买办以巨大的刺激和诱惑,他们也想把平日靠经商、高利贷剥削、做官聚敛的财富尝试开办银行。他们从各自的立场出发,提出开设银行

---

① 盛档:《□□□所呈开办银行节略》(光绪二十二年十一月)。
② 张辑颜:《中国金融论》,第331页。
③ 盛档:《盛宣怀致李鸿章函》(光绪二十二年十月二十五日)。
④ 毛里斯、柯立斯:《汇丰—香港上海银行(汇丰银行百年史)》,第28—32页。

的主张和建议。

在近代中国史上，最早提出开办银行的是太平天国干王洪仁玕。1859年（太平天国己未九年），洪仁玕来到天京。在《资政新篇》中，他提出"兴银行"一条。他说："倘有百万家财者，先将家资契式禀报入库，然后准颁一百五十万银纸，刻以精细花纹，盖以国印图章；或银货相易，皆准每两取银三厘。或三四富民共请立，或一人请立，均无不可也。此举大利于商贾士民，出入便于携带，身有万金而人不觉；沉于江河，则损于一己，而益于银行，财富仍在也；即遇贼窃，亦难骤然挈去也。"[①]洪仁玕早年到过香港、上海，同外国传教士多有接触，对银行、钞票之类有所了解。他的上述兴办银行建议主要源自外国银行对他的启发。太平天国正忙于同清军征战，根本无条件实行他的办银行建议。但从学习西方、探寻救国救民道路的角度说，还是有一定进步意义的。

1860年（咸丰十年），早期改良主义者容闳出访天京，也曾向太平天国建议兴办七事，其中第五件事就是开办银行和厘定度量衡标准。

1876年（光绪二年），上海《申报》报道广东巨商唐景星（即唐廷枢）与福建巡抚丁雨生（即丁日昌）将在华南设立一家资本为 200 万两的银行，并拟在日本各埠、英国伦敦设立分行的消息。当时《申报》竭力鼓吹国人自办银行，认为这将大大有利于国内外贸易的发展。

1885年（光绪十一年），李鸿章因办洋务深感经费不足，也打算开办银行。这次拟写的官银行章程据说就是出自盛宣怀之手。李鸿章主张银行中外合办最好。在拟设官银行节略中说：银行若由户部及外省委员开设，恐信从者少，资本尤缺，须纠合中外众商之力，着实办理，可期经久。1887年（光绪十三年），李鸿章与美商米建威商订中美合资开设华美银行，这家银行名为中美合办，实际是一家由美国资本为主导、由美国人任总办的美国银行。由于该银行章程中若干规定严重侵犯了中国主权，因而遭到朝野的反对。此外，该行有利于美国金融资本对中国的独占，也遭到其他列强的不满。在国内外的一片反对声中，该行开设计划最终流产。

较洋务派认识进了一步，具有改良主义思想的郑观应和汪穰卿在1892年（光绪十八年）也提出设立银行的主张。郑观应在《盛世危言》一书第五卷"银行篇"中非常详细地叙述了近代银行的业务和作用。指出："今为之请者，非筹集巨款创设银行，不能挽救商情而维持市面也。"汪穰卿则说："振兴

---

① 洪仁玕：《资政新篇》，《中国近代史资料选辑》，第 136 页。

之要,又在阜财用,阜财用,则必须兴商务、立公司、铸金币、设银行。"他们已经看出了办银行与发展实业的密切关系,这是当时工商业者的一种思想反映。

1894年(光绪二十年),盛京将军依克唐阿条陈请行钞票并设银杀折。指出:"方今时势危迫,仓卒聚亿万之财,收亿万之利,舍钞票别无良图;欲行钞法,舍银行无以取信。"①

1895年(光绪二十一年),顺天府尹胡燏棻《条陈变法自强疏》。疏中指出:"中国不自设银行、自印钞票、自铸银币,遂使西人以数寸花纹之券抵盈千累万之金,如汇丰、德华、有利等银行之钞票是也。"主张"一面于京城设立官家银行,归户部督理;省会设立分行,归藩司经理;通商码头,则归关道总核。购极精之器,造极细之纸,印行钞票,而存其现银于银行"。②

同年,御史张仲炘也奏请设立银行,经理工商事务。折中说:"大利之原,莫急于商务;商务之本,莫先于银行。"③办银行虽不容易,但"若逆畏其害,而自弃其利,则亦未免因噎废食"。建议清政府不妨先试办起来再说。"俟试办数年,如果有利无害,再行推及各省一律举行,以成可大可久之业。"

中国银行的开办既然是直接受了外国侵略的刺激,特别是外国在华银行的影响,那么为什么数十年来,特别是甲午战后,尽管有很多人以各种理由提议要求开设银行,但是直到1897年通商银行成立,才成为现实呢? 其原因从根本上说,还是由当时中国社会经济条件决定的。当时中国资本主义还处于初始阶段,社会生产结构仍然是农业和手工业相结合的小农经济。社会生产、商品流通虽有所扩大,但旧式金融机构钱庄、票号、银号等仍能适应社会需要。通商银行成立40年后,1937年出版的《第四次全国银行年鉴》(中国银行篇)中写道:"外商银行与钱庄乃我国银行之先导,其活动能力与范围,均远在新式银行之上。盖在国外贸易方面已有外商银行,在国内商业方面则有钱庄,新式银行插足不易。""洋商之事,外国银行任之;本埠之事,钱庄任之;埠与埠之间之事,票号任之。鼎足而三,各有其特有的地位。"40年后的中国金融状况尚且如此,那40年前外国银行和钱庄把持的局面更可想而知了。所以,当时那些拥有巨资的地主官僚买办,即使想开设银行,也还是阻力重重。至于新兴的民族企业家在1894年前他们

---

① 陈度:《中国近代币制问题汇编·纸币篇》,第7页。
② 陈度:《中国近代币制问题汇编·纸币篇》,第63页。
③ 盛档:《张仲炘请设银行折》(光绪二十一年十二月初五日)。

拥有的资本总额尚不足 500 万元,也没有力量集资兴办一个资本至少在百万元的新式银行。至于清政府,当时手中握有官银号,发行官票宝钞,还不感到有急于开设银行的必要。少数守旧官僚担心资本主义经营方式会动摇封建统治的根基,所以对开设银行激烈反对。至于西方列强,那就更不用说了,对于中国人开设银行一直持反对的态度。所以,当时中国人不可能开办。

甲午战后,这种情况有了明显的改变,中国社会政治经济的变化加速了中国新式银行的出现。

甲午战后,外国资本大量输入中国。到 1900 年(光绪二十六年),外国在华投资总额已高达 75000 万美元,其中银行与金融业的投资多达 21470 万美元。①外国在华开设的银行机构星罗棋布,形成周遭群雄环伺之状态。经济侵略,巨细靡遗,举凡我国一切大小工商业以及对外贸易,莫不被外人所控制。当时朝野上下,见通商口岸外人工厂日渐增多,知经济亡国之祸日迫,非提倡国内工业不足以抵制外资的侵略压迫。卧榻之侧,他人酣睡之声既起,中国商人亦渐觉悟,利权之不可放弃,于是起而集股开厂。据不完全统计,到 1897 年,民族资本创办的厂矿已达 104 个。这些企业大多规模小,资本少,最多的不超过 45 万元。②振兴实业,需要资金。一般来说,工业不发达的国家,其特征正好是缺少资本。在华外国银行的使命是"以扶植他们自己的工商业和排斥华商产业为任务的,因此,在信用工具的制造上,他们只愿意帮助外商产业证券的发行和进出口贸易货物押汇票据的运用"。对于华商企业是绝对不给予资金通融的。即便华商企业拥有雄厚的资本,也非得经过许多手续,才能与外国银行发生借贷关系,但如果没有资产担保也还是不借贷。汇丰银行开办之初,"虽有华商股份,不与华商往来,即有股实华商公司股票,亦不抵押,惟外国公司货物股票均可抵押。西商操其权,而华商失其利。华商助以资而西商受其益,强为区别"。③华商即使投资入股外国银行,外国银行不但不予资金通融,还要恃强欺骗,侵吞股本。盛档中提到的英商大东惠通银行就是一个典型事例。该行是按照 1862 年英法两国商约开办的,股本 20 万股,每股一磅五先令。其中有华股 8 万股,叶成忠、朱葆三、郑介臣等均购有该行股票。银行开办初,曾获余利。不久因银

---

① 雷麦:《外人在华投资》,中译本,第 41、70 页。
② 据陈真、姚洛编:《中国近代工业史资料第一辑》,第 38—41 页附表统计。
③ 郑观应:《盛世危言·商战》卷三。

价日贱，营业大为亏折，赔累不堪，股东两年无利分派。为了摆脱困境，该行不惜牺牲股东利益，擅自决定从 1898 年 2 月起，每股加银一镑，如果股东不交，则原购股份统作罢论。当时华商处于困难之时，根本无力加股。在忍无可忍的情况下，要求清政府出面对此进行干预，当时马建忠、盛宣怀乃至两江总督兼南洋大臣刘坤一都出面参与这件公案的处理，要求大东惠通银行考虑全局，力保商本，结果遭到拒绝。同年 12 月 21 日，该行自行歇业，关门清理。照合同规定，理应退还华商股银，可是该行分文不给。华商股东呈案上控到上海会审公廨，英国律师坚持所谓英国法律，事情毫无结果。[①]通过大东惠通银行侵吞华股一事，中国商民迫切感到国人自办银行的必要，盼望有中国自己办的银行来维护他们的利益。

外国银行如此欺侮刁难华商，而当时中国的钱庄、票号也无力支持新兴的民族工业。钱庄、票号这类封建金融机构规模都比较小，资本薄弱，营业分散，根本难与外国银行抗衡。1894 年，上海发生股票贴现风潮，钱庄信用遭到打击，营业范围更加狭小。历史的事实是：自开埠通商后，上海及其他沿江沿海口岸的钱庄、票号率多成了外国银行的附庸，沦为国际商业金融的中介和外国资本家伸张在华金融势力的分支机构、外国在华推销商品和掠夺原料的工具。"中国钱庄资本二三万，放款数十万，稍有倒欠，呼应不灵，所谓倒持太阿，授人以柄者非欤?! 为今之计，非筹集巨款，创设银行，不能以挽救商情而维持市面也。"[②]非振兴实业，不足以图存；非改革金融机构，不足以振兴实业。设立银行已成为当时中国资本主义经济发展的需要。不过要指出的是，作为促使我国新式银行的出现，"振兴实业"只是间接影响，在很大程度上只是表达这种愿望而已。

除了民族资本主义工业发展急切盼望中国新式银行出现外，当时清政府内一部分官僚也希望有自己的银行，能帮助他们解决筹款还债。1896 年，中国面临又一次支付对日赔款，鉴于列强在借款中种种要挟和勒索，中国决定自筹解决，曾发行昭信股票。在西方，国债的发行，大多通过银行来进行。可是当时中国没有银行。所以，这些经办官员强烈感到中国开设银行的必要，这就是后来盛宣怀奏请开设银行，翁同龢、李鸿章、王文韶、张之洞等一批官僚赞同和支持的原因。

---

① 盛档：光绪十九年九月初十日大东汇通银行华商之有股者叶成忠等遣抱呈家丁高发等具禀。光绪二十年二月二十一日就大东汇通银行事，江海关道谕知南洋大臣刘坤一禀文。

② 郑观应：《盛世危言·银行上》卷四。

第二节　盛宣怀的银行计划

有人说,中国近代银行的开设是一些大官僚在外国银行在华发展之后着手进行的,这话没有错。造成由大官僚投资开办银行的一个重要原因是由于当时中国除了大官僚之外,其他人没有资本。这些官僚除了与封建政权有着密切的关系以及同外国列强保有广泛的接触外,在他们任官时就积蓄了大量财富,故能以政治背景为后盾,插手许多新式盈利企业,从中获取高额利润。可以设想,在当时社会条件下,要开办一家资本数百万两的银行,不是大官僚,休想问津。清末大官僚很多,但也不是人人都有那么多钱,只有那些有实力地位与新式企业有关,并拥有巨资而且懂得经济、金融的,才有可能。在当时符合这个条件的,只有一个人,那就是盛宣怀。

盛宣怀,字杏荪,一写杏生,又字补楼,号次沂,别号愚斋,晚号止叟,江苏武进(今属常州市)人。祖父盛隆,举人出身,曾任浙江海宁知州。父亲盛康,进士出身,曾任安徽庐州(今合肥)、宁国知府、湖北粮道等,注重经世之学,辑有《皇朝经世文续编》。父亲的经历和思想倾向日后对盛宣怀具有不小的影响。

盛宣怀早年因太平军占领苏常,避难苏北,直到 1867 年(同治六年)23 岁时才补上县学生。此后屡试不中,纳赀为主事。1870 年(同治九年)春,李鸿章率军入陕,镇压回民起义,盛宣怀经杨宗濂推荐介绍,入李鸿章幕,办理行营文案,

盛宣怀坐像

因办事干练,深得李的赏识,不久保升道员,升任陕甘后路粮台、淮军后路营务处会办。李鸿章调任直隶总督兼北洋大臣后,盛宣怀亦随李来到直隶。

李鸿章在总督任上,提倡洋务,开办了一系列洋务新政。因李的委荐,遂使盛宣怀同洋务活动发生了联系。有人说,认识李鸿章是盛宣怀人生道路的转折点,是他一生事业的起点,其言诚属事实。他的一生事业,一半"得自时会",一半"由于人力"。若没有洋务新政和李鸿章的支持,一个佐贰出

身的小吏不可能成为跻身晚清政坛的要员。

1872年(同治十一年),李鸿章与两江总督兼南洋大臣沈葆桢创建轮船招商局(简称招商局)。次年,为了扩大业务,李鸿章委任盛宣怀为该局会办,由于总办朱其昂专办南漕海运,招商局日常事务统由盛宣怀主持。随着洋务企业的不断增加,对于燃料、各种原料的需求日益迫切。1875年(光绪元年)盛宣怀前往湖北办理勘查煤铁矿事宜。次年,湖北开采煤铁总局成立,他被任命为督办。此后先后发现大冶、当阳、兴国、广济等煤铁矿,其中大冶铁矿的发现,对后来盛宣怀接办汉阳铁厂起了不小的作用。1877年(光绪三年),在李鸿章、沈葆桢的支持下,由盛宣怀一手经办,招商局以银222万两购并美商旗昌轮船公司全部产业。在交涉中,盛宣怀从中收取了大量雇金,付款时以旗昌股票作抵,现金则装入自己腰包。1884年(光绪十年),盛宣怀升任招商局督办,并迫使会办徐润退出,从而全面控制了招商局。他常常用招商局公款,购置田地,从事地产投机。辛亥革命中,革命党人曾没收他江苏的家产。后来因种种原因又予以发还。在1913年他给江苏都督张勋的呈报中说他在江宁、宝山等地被没收未能收回的土地仍有327亩。①在新阳、昆山,他购有土地四五百亩。②至于他究竟有多少土地,就无从知道了。当年上海斜桥、成都路、戈登路、愚园路一带都有盛宣怀的房地产。这些房地产价值据他在给日人实相寺的信中说,值25万两。③在北京的房地产价值10万两。④通过出租土地,从中收取地租,再将其转为活动资本。

1881—1882年(光绪七年至光绪八年),清政府谕令李鸿章统筹办理电报时宜,李鸿章即以盛宣怀办理其事。津沪陆线架通后,李鸿章奏设电报局于天津,盛宣怀被委为电报局总办。"盛任总办,开办费由国家认,电杆费由招商局认,盛所认的股子,都是口头上说的干股,所以,盛杏荪的发财,其所得大半得诸于公。"⑤据估计,他一生搜括的财富不下6000万两以上。淮系集团刘秉璋之子刘声木说:"无论何官综计一生厚禄重利,亦决难集资数十万两,何况数千万两乎?!"⑥盛宣怀除了个人资本外,还连结着国家资本以及外国资本,以其个人资本为纽带,进行各种工商业、金融业等投机活动,这

---

① 《时报》,1913年11月1日。
② 《盛宣怀未刊信稿》,第255页。
③ 《盛宣怀未刊信稿》,第239、226、220页。
④ 《盛宣怀未刊信稿》,第214页。
⑤ 《马相伯先生年谱》,第138页。
⑥ 刘声木:《苌楚斋随笔》卷五,第10页。

就进一步促进他的资本积累。1892 年（光绪十八年）盛宣怀从登莱青道兼东海关监督调补津海关道兼津海关监督，管理直省中外交涉事件并新钞两关税务，以及钤辖海防兵备，俨然成为北洋的管家和经济人。有凡北洋大臣和总理衙门互商的"机密事件"，盛宣怀"悉为参与"。其间，他又与军机大臣李鸿藻及光绪帝师、户部尚书翁同龢等人建立了联系。

1893 年（光绪十九年），上海机器织布局被火焚毁，李鸿章急派盛宣怀前往规复。他在原址上另建华盛纺织总局，并担任该局总办。至此，洋务主要企业招商局、电报局、纺织局等全部由盛宣怀一手掌控。

在甲午战前，盛宣怀虽拥有巨资，但因他名声不好，有"贪污老手"之丑名，在政治舞台上也无突出的活动，所以，他的资本不可能进行集中使用。然而，他的巨额资本，对于他作为中国新式银行的创办人来说是足够具备了。

甲午战后，李鸿章失去了北洋地盘，盛宣怀也丧失了淮系经济人的地位。但由于继任直隶总督兼北洋大臣王文韶和他素有渊源，所以，他的津海关道一缺仍保留未动，而招商局、电报局亦依然由他掌握。此间，在天津还创办北洋大学堂（今天津大学前身），稍后又在上海创办南洋大学堂（今上海交通大学前身）。不过由于所办企业大多在南方，盛宣怀决定弃北南下，打算在南方进一步拓展自己的实力。

1896 年 3 月（光绪二十二年二月），盛宣怀回到上海。次月，因在甲午战争期间，办理东征转运事宜，颇有"采买军米侵蚀浮冒之嫌"，遭言官弹劾。李鸿章当时留京入阁办事，上奏为盛辩护，指出盛只是奉旨办理，并未亲自经手。但言官仍弹劾不已。廷旨遂命直隶总督王文韶、湖广总督张之洞会同查办。朝旨严切，盛宣怀祸福不测。王本袒盛，张则恶盛。盛宣怀乞张竭力保全。正好此时张之洞因汉阳铁厂亏空严重，无法维持，议改商办。这个被张之洞称为"创地球东半面未有之局"①的钢厂，从一开始就遭到各种困难和挫折。张之洞在铁矿石、煤、焦炭尚无着落的情况下，就主观武断地从英国订购了炼钢设备。结果炼出来的生铁和钢，因含磷过多，市场没有销路。由于燃料缺乏，汉阳铁厂无法正常生产。1894 年 6 月第一次开炉后，因焦炭供应不上，到 10 月就被迫停产了。当初张之洞向总理海军衙门请领的办厂官款为 246.8 万两②，但实际支出为 558.6 万两③，超支的 300 多万两

---

① 许同莘等编：《张文襄公全集·奏稿》卷二十八，第 2 页。
② 《张文襄公尺牍》卷九，第 33 页。
③ 盛档：《户部责成湖北铁政局按期归还官款折》（1900 年 8 月）。

是靠东挪西借来的。铁厂停产后,不但还款无着,而且员工每月薪水开支亦无法解决。"吏部责言日至,拨款为难,左支右绌,百计罗掘",张的日子很不好过。张曾责令下属,分电比利时、德国的厂商,请其派人前来包估接办,结果也无人承应。"数月之中,极力招徕,殊无端绪。"①就在万分为难、万分焦灼的情况下,张之洞看中了盛宣怀。他本来非常厌恶盛的为人,但为了脱身,全然不顾这些了。在给军机大臣李鸿藻的信中说道:"盛之为人,海内皆知之,我公知之,晚亦深知之,特以铁厂一事,户部必不拨款,至于今日,罗掘已穷,再无生机,故不得已而与盛议之,非此则无从得解脱之法,种种苦衷,谅蒙垂鉴。"②从盛宣怀这里,"因年来言者指摘太多,东抚复奏不佳,意甚自危,故欣然愿办"。据叶景葵披露,"张为之(盛被人告发贪污事)洗刷,而以承办铁厂属之,盛诺"。③

张示意盛宣怀接手,就是要盛宣怀接受铁厂这个"烫手山芋",为他弥补亏空。同月,盛宣怀应邀前往武汉,与张之洞商谈接办事宜。盛宣怀同意接办,但同时提出要由他组织铁路公司、经办卢汉铁路为条件。因为有了铁路,钢厂所产钢材就有了销路。"中国无船厂,无制造各工厂,钢厂销路专恃铁路。"④"铁路用轨,莫多于川粤,如川粤不能用本国材料,钢炉钢厂势必停闭大半。"⑤"铁路若归鄂办,则铁有销路,炼铁之本,可于铁路经费内挹注。"⑥张之洞明知盛是在要挟,但为求脱身,最终同意盛的要求。6月,盛宣怀正式接办钢厂。9月,张之洞与王文韶联名奏请开设铁路公司,保举盛宣怀为公司督办。由于恭亲王奕䜣和户部尚书翁同龢等人的支持,光绪帝谕令盛宣怀以四品京堂候补,督办铁路总公司。次年1月,铁路总公司在上海成立,盛宣怀奏明先造卢汉,其余苏沪、粤汉次第建造,不再另设公司。此后,他便以铁路总公司为枢纽,近制轮、电、纺织,遥控汉、冶、萍,一时声势显赫。

盛宣怀接办汉阳铁厂后,首先着手解决招集商股。在和外商接触过程中,看到各公司招股,无不由银行经手,深感"铁路招股配债,若无银行,势必棘手"。⑦因办铁厂,不能不办铁路;又因铁路,不能不办银行。"至铁路招股,商情总虑卢汉工巨货少,利无把握,甚属观望。此事非可尝试,若一招不

---

① 汪敬虞:《中国近代工业史资料》,第二辑,上册,第470—471页。
② 汪敬虞:《中国近代工业史资料》,第二辑,上册,第471—472页。
③ 汪敬虞:《中国近代工业史资料》,第二辑,上册,第470页。
④ 《盛宣怀未刊信稿》,第85页。
⑤ 《愚斋存稿·寄张中堂》,卷七十四。
⑥ 汪敬虞:《中国近代工业史资料》,第二辑,上册,第471页。
⑦ 《愚斋存稿·寄张中堂》,卷二十五。

至,以后即难再招。环顾海内,必须俟银行遍设行省,使商民以一'信'字相字,其时路工亦得及半,必有登高一呼万山皆应之势。"①由于修路招股发生困难,又促使他想开办银行,又由此而产生借外债的打算。"造路非借债不可。"②在经手向列强借款修建卢汉铁路过程中,他对开办银行说得更加明白:"铁路之利远而薄,银行之利近而厚,欲银行铁路并举,方有把握。"认为要办铁路,就需要自己来办银行。看到经营银行不但获利甚厚,而且是垄断工商业的枢纽,可以利用它从事更大的经营活动。以银行为纽带,可以把各种新式企业有机地联系起来,能够收到彼此利用和相互维系的作用。"至泰西商务官有统率全国商务者无论矣,其体面大董事兼管银行、铁路、铁厂甚多,惟各为公司,各有专董,各清其帐,如我轮、电、纺织各局相维不相融。"也就是说,通过银行,把各个企业联系起来,使管理权集中于一身,这样一来,他就可以成为统率全国工商业的举足轻重的人物,可以成为全国的大富豪,这又是盛宣怀创办通商银行的野心所在。

甲午战前,大多数官僚士大夫对于明治维新后的日本抱有强烈的戒心,日本挑起甲午中日战争,对中国的疯狂侵略和勒索印证了这种看法。但对于影响日本的明治维新运动本身却缺乏应有的认识。经过甲午战败,中国人通过审思,对日本的看法逐渐有了改变。胡燏棻在《变法自强疏》中说:"日本一弹丸岛国耳,自明治维新以来,力行西法,亦仅三十余年,而其工作之巧,出产之多,矿政、邮政、商政之兴旺,国家岁入租赋共约八千余万元,此以西法致富之明效也。反镜以观得失,利钝之故,亦可知矣。"③盛宣怀认为日本之所以"强盛"主要是"理财得法",而银行发行钞票和调剂金融则起了很大作用。"彼都(指东京)自战后军饷民财实形困乏,惟国家财政以及商务实业,竭力经营皆得其法,故能支撑,勉为强国。吾华地大物博,倘能仿而行之,由富而致强,似不难超而上也。"④"日本国家,莫不重视银行,力为扶翼。"⑤针对战后国家财政困难,盛宣怀主张应当首先兴办实业,"当此国穷民匮,舍实业何以裕国用,何以养民生"? 而"欲富国,首兴商务;欲兴商务,首重银行"。⑥"泰西各国多设银行,所以流通上下远近之财。振兴商务,为

①　《盛宣怀未刊信稿》,第13页。
②　《盛宣怀未刊信稿》,第85页。
③　《皇朝经世文编新编》卷一。
④　《盛宣怀未刊信稿》,第145页。
⑤⑥　盛宣怀:《筹办中国通商银行次第开设情形折》。

天下理财一大枢纽,故欲富国富民必自银行始。"①

中国封建地主阶级同外国资产阶级在剥削压迫中国人民这点上是相同的,然而两者毕竟属于两个利害不同的集团。因此,在一些涉及根本利益的问题上彼此又往往存在着矛盾和斗争。它们既妥协,又争斗;既相互利用,又彼此排斥,这种情形一直贯穿在整个中国近代史中。盛宣怀,作为一名官僚买办,如果我们把他办银行一味说成是为了图谋私利,仅仅是为了自己的官僚企业寻找资金,也未必竟然,因为忽略了他同外国矛盾的一面。盛宣怀对外国资本在华无限扩张,在华银行"攘我大利"表示不满。他不止一次地说过,银行"中国亟宜仿办,毋任洋人银行专我大利"。②"我中国不此之务,而以银行莫大之利权拱手而让洋人。""从前国债,汇丰经手居多,取息之重,加以镑价之亏,利源外溢,各国讥之。""其占取中国官商之大利,汇丰尤甚。"③他要办银行,稍分洋商之利,挽回"外溢之权"。这些认识,在他后来筹办通商银行过程中也有强烈的反映。至于盛宣怀办银行能否摆脱外国资本的控制,能否从洋人那儿"挽回权益",另当别论,不必苛求,但他汲上述认识应该予以肯定。毫无疑问,这些认识无疑也是他想要开办银行的一个重要因素。

盛宣怀对于开办银行并不陌生。早在甲午战前,他就参与过组织中外合资办行的活动。他曾为李鸿章草拟过设立官银行的奏折。1887年(光绪十三年),曾奉李鸿章指派,与周馥、马建忠等人一起草拟华美绅商集股开设华美银行章程。后来的通商银行章程中不少条款与该章程相似。如章程规定"国家如有借贷,应先行承办","银行生意有月结、有半年一总结",以及银行各项所得净利的分派,等等。可以说,拟写通商银行章程时盛宣怀除参照了汇丰银行章程外,还参照了当年的华美银行章程。

1896年11月1日(光绪二十二年九月二十六日),盛宣怀向光绪帝进呈了一道《自强大计折》及设立达成馆、开设银行两个附片,详细地阐述了他开设银行的计划。

盛宣怀强调中国开设银行的必要性。"银行仿于泰西,其大旨在流通一国之财货,以应上下之求给,立法既善于中国之票庄钱号,而国家任保护权利无旁扰,故能维持不敝。各国通商以来,华人不知务此,英、法、德、俄、日本之银行乃推行来华,攘我大利。近年中外士大夫灼见本末,亦多建开银行之

---

① ③ 盛档:《□□□所呈开办银行节略》(光绪二十二年十一月)。

② 盛档:《盛宣怀奏呈自强大计折附片》(光绪二十二年九月二十六日)。

议。商务枢机所系,现又举办铁路,造端宏大,非急设中国银行无以通华商之气脉,杜洋商之挟制。""此行系为保守中国利权起见,免致尽为俄、英各行一网打尽而已。"建议朝廷简派大臣,遴选各省公正殷实之绅商举为总董,号召华商招集股本银五百万两,先在北京、上海设立,其余各省会口岸,次第开设。

盛宣怀力主银行商办。"照泰西商例,悉由商董自行经理","合天下之商力,以办天下之银行"。理由是"银行者,商家之事,商不信,则力不合,则事不成"。他不同意银行官办和官发钞票。认为"中外风气不同,部钞殷鉴不远,执官府制度运贸易之经纶,恐窒碍滋多,流弊斯集"。"官办之事,客气居多,岂能与中外商民琐屑交易,锱铢较量。且商民畏官如虎,断不敢寄顿重资为官所挟,仍必为洋行丛爵渊鱼而已。况大官志趣各殊,后之来者,倘以清净为高,耻言谋利,恐兴之甚难,废之甚易。"①针对当时一部分官僚士大夫主张开办国家银行,盛宣怀表示坚决反对,主张"俟将来官商交孚内外,政法变通尽利,再行筹设国家银行"。②他这样说,主要是怕自己开设的银行计划遭挫,个人垄断全国工商业与金融业的野心不能实现。

盛宣怀也不赞成银行官商合办。认为银行有了官股,就免不了清政府的染指,势必要削弱自己的权势。然而银行纯粹全由商办,他认为也不好。"查华商之力,一时或有不足,捉襟露肘,恐其贻笑外人。且创开第一家银行,藉以通行银元、钞票及将来借用民债,利于官者尤巨。"③主张宜官助商办,由"国家任保护权",银行方能"维持不敝"。在给李鸿章的信中,他说:"此等事商办能持久无弊,然初创时非藉官力辅助,则商力不足也。"④

盛宣怀心目中所要开办的银行就是一家由他一手操控的商业银行。不过,他虽然主张商办,却又处处争取享受国家银行才有的种种特权和好处。这些特权和好处是:新银行可以发行钞票,"照汇丰银行规制以精纸用机器印造银票与现银相辅而行";官选银元"可由银行转输上下";可以代理国债,由银行"筹办印发借券";可以承解收存官款,可交汇以省解费;公用备用之款可暂存,以取子息。关于铁路借款,亦由他开办的银行负责收存。为了使清政府早日批准开办银行,他在奏折中还讲了办银行的一大堆好处,甚至讲到若银行办得好的话,还可以"酌量提捐归公",这样商民既可"交得其便",国家也"阴受其益"。

清政府将盛宣怀的奏折发交军机大臣和户部等有关部门进行讨论。有

---

① ③　盛档:《□□□所呈开办银行节略》(光绪二十二年十一月)。

② 　盛档:《盛宣怀奏呈自强大计折附片》(光绪二十二年九月二十六日)。

④ 　盛档:《盛宣怀致李鸿章函》(光绪二十二年十月二十五日)。

主张官办的,也有主张官商合办的,部议虽各有不同,关键还在清政府本身的态度。甲午战后,有见各国在华纷纷开设银行,清政府不能不在政策上有所放宽。"惟中国不自行举办,一任外人在内地开设,攘我大利,亦非长策。"[①]因此不再禁止民间私人开办。由于清政府财政拮据,专靠借贷度日,当时也无力垄断国家金融或由国家集资创办银行。清政府既不可能投资兴办,也不愿负亏损的责任,所以,也就同意了商办。既然新式银行可以办理国债,可以代理洋债,而且不受重息之挟制,不吃镑价之亏折,挽回外溢利权,以足国用,能帮助它解决筹款的问题,那么不妨给予赞助。因此最终同意了盛宣怀开办银行的要求。

第三节　通商银行开办经过

1896 年 11 月 12 日(光绪二十二年十月初八日),清政府谕准盛宣怀的奏请,责成盛宣怀选择殷实商董,招集股本,合力兴办。继而又寄谕各省将军督抚司道予以支持,指出"开设银行亦为收回利权之一法",要他们"务须脚踏实地见诸实行,毋得粉饰,因循一塞"。同时规定:俟盛宣怀银行办成后,准其附铸一两重银元十万元,试行南省,如无窒碍,再由户部议定章程办理。[②]盛宣怀奉旨后,便开始了他的银行筹建活动。

盛宣怀的银行筹建活动主要包括选董、聘请华洋大班、集股、制订章程等几个方面。

选董。 先后选定张振勋、严信厚、叶成忠、刘学询、杨廷杲、严潆、杨文骏、施则敬、朱佩珍、陈猷十人为总董,组成通商银行首届总董班子。

1905 年前通商银行督办、董事、驻行办事董事一览表

姓　名	字　号	籍　贯	职　务	简　历
盛宣怀	杏荪、补楼、愚斋等	江苏武进	督办	督办铁路大臣、四品卿衔等
张振勋	弼士	广东大埔	首席董事	华侨领袖,驻南洋商务大臣、驻新加坡总领事等
严信厚	筱舫	浙江慈溪	驻行办事董事	曾任长芦盐运使,开办庄号,开设机器、面粉、纺织厂等

---

① 《大清德宗景皇帝实录》(光绪二十三年三月)。

② 陈度:《中国近代币制问题汇编·纸币篇》,第 12—15 页。

（续表）

姓　名	字　号	籍　贯	职　务	简　　历
叶成忠	澄衷	浙江镇海	议董	买办，曾开办丝厂、火柴厂等
刘学询	问刍	广东香山	议董	富商
杨文骏	彝卿		议董	曾任广东雷琼道、商人
杨廷杲	子萱		议董	上海电报局提调
施则敬	紫英		议董	举人，经营丝业等
陈猷	辉庭		议董	招商局股份代表
严潆	芝楣		议董	招商局股份代表
朱佩珍	葆三	浙江定海	驻行办事董事	上海平和洋行买办，经营面粉业
顾咏铨	润章	江苏	驻行办事董事	盛宣怀外甥、管家
王存善	子展		驻行办事董事	汉冶萍公司董事
沈敦和	仲礼	浙江慈溪	驻行办事董事	汉冶萍公司董事
李钟珏（平书）	且顽	上海宝山	驻行办事董事	招商局董事
庆宽			北路董事	内务府郎中
孙树勋			备充董事	候选知府

资料来源：本表依据盛档通商银行资料编制

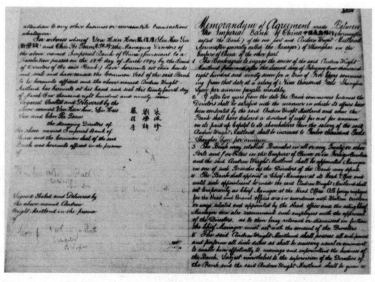

1897 年 2 月 2 日中国通商银行聘任美德伦为上海总行洋大班时双方签订的合同原件

聘请华洋大班。选定上海钱业董事、咸康钱庄经理陈淦（字笙郊）为华大班，成立以陈淦为首的华帐房，专门负责中文帐目和国内业务。目的是为了"沟通银钱两业"。当时钱庄是外国在华银行、洋行唯一认可往来的金融组织，也是我国实际的金融机构。钱庄的"庄票"、钱业公会的"公单"在国际国内市场上有很大的信用。钱庄在必要时可以得到外国银行的资金融通，加上银两、银元行市标价权操纵在钱庄手里，通商银行要融入金融市场，开辟局面，离不开钱庄。后来总董们承认，通商银行甫行开张，本行（钞）票的信用不若庄票的信用流通，而票据的汇划也须由钱庄为之代理，为今之计，亦非赖钱庄不行。通商银行与陈淦所订聘用合同规定："延请陈［淦］经理本行华商生意，西人即称为买办"，中国称华大班，"本行所用华人归陈经理选用、节制"。洋大班初选香港惠通银行大班英吉培，最后确定为上海仁记洋行大班、曾在汇丰银行办事多年的美德伦，成立以美德伦为首的洋帐房，专门负责英文帐册和涉外业务。合同规定："本行聘用美德为洋大班，主持洋帐房。本行洋人归美德伦选用、节制。"华洋帐房的设立，主要是为了"沟通中外银钱两业"，"钱庄经理而兼银行的责任者，可以沟通两方面的营业，互相扶持，彼此推广，又可彼此周转资金，使金融不致梗塞，是很有利的"。①聘请洋大班，便于同外国洋行、银行交往，开展业务活动。华洋两大班的关系是：洋帐房设正帐，帐册一律用英文缮写，为正帐。华帐房只设草帐，用中文缮写。"凡有陈［淦］经做华商生意，即当随时随事咨商美德伦定夺。设有两造意见不同，仍请总董核议。"所做"本街钱庄拆票权归陈［淦］办理，随时咨商美德伦接洽"。所做"本街华商押款，如陈［淦］

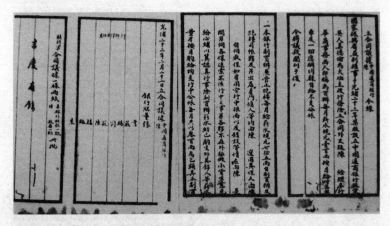

1897 年 3 月 24 日中国通商银行聘任陈淦为上海总行华大班时双方签订的合同原件

---

① 王承志：《中国金融资本论》，第 107 页。

经手所做者", "随时与美德伦商办"。关于华洋帐房的业务分工,规定"本行总帐归西人登记",本银行各户存项及汇票收条、各凭据均归管帐西人签字办理、收贮,一律用英文缮写。"华帐与西帐,日清日款,各分界限,以免彼此推责。" "库房钥匙两副,即由陈[淦]与管帐西人各执一个。"从上面这些规定来看,盛宣怀要将通商银行办成一个类似外国在华银行式的中国银行,跻身国际银行之列,至少在业务方面是如此。

1905 年前通商银行总行华帐房人员名单及开支一览表

类　别	姓　名	职　务	每月薪水
华帐房	陈　淦	华大班	100 两
华帐房成员	陈福保	副大班兼正跑楼	75 两
华帐房成员	田洪泉	跑楼	20 两
华帐房成员	朱襄侯	正帐房	10 两
华帐房成员	顾松亭	副帐房	10 两
华帐房成员	赵震之	副帐房	10 两
华帐房成员	严盘渔	副帐房	8 两
华帐房成员	孙文卿	副帐房	8 两
华帐房成员	备用 1 名	副帐房	8 两
出店人员	写字楼用 3 名		每名 1 两
	帐房用 3 名		每名 2 两
	写字楼用 2 名		每名 2 两
茶房	茶房用 1 名		每名 3 两

注:(1)"华大班及华帐房所得拆款佣钱悉照汇丰银行章法归华大班及伙友所有。"
　　(2) 华帐房每月开支一般不得超过 300 两,一年开支不得超过 3600 两。
资料来源:本表依据盛档通商银行资料编制

通商银行总行洋帐房人员开支简表

单位:银两

类　别	姓　名	任　职	月　薪
洋大班帐房	美德伦	大班	1200
洋帐房成员	马歇尔	大写	300
洋帐房成员	里末特	小写	275

（续表）

类　别	姓　名	任　职	月　薪
洋帐房成员	郭云溪	帮写	75
洋帐房成员	黄景川	帮写	75
洋帐房成员	严成德	帮写	40
洋帐房成员	□□□	备充大写	300

另：

洋帐房杂项开支	巡捕捐每月	50
	纸张帐簿费每月	50
	信资电报费每月	35
	各项补贴费每月	300
	灯油费每月	50

注：杂项开支只是估算，实际远超此数。洋帐房年开支在 35000 两左右。
资料来源：本表依据盛档通商银行资料编制

订立章程。由于是中国人第一次开设银行，毫无办行经验，"经始之际，因无法令成规可援，暂行参照英商汇丰银行旧案，厘订章程"。[①]由美德伦组织人员将汇丰银行章程译成中文，作为银行章程的蓝本，同时又发动总董及有关人员，参酌中国钱庄、票号的成法，最后制订新设银行章程。目前我们在盛档中看到的当年所拟银行章程草案不下十多

张振勋

严信厚

个，有的如张振勋、严信厚还条拟了两个，内容前后也不尽相同。张振勋，字弼士，是首席总董，在南洋经商多年，富甲东南亚。且

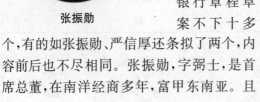

———————————

① 周葆銮：《中华银行史》，第六编第八章《中国通商银行》。

与各国银行往来日久,熟知银行业务,因此很受盛宣怀的器重。严信厚,字筱舫,浙江人,是当时中国银号、钱庄行业的代表人物之一。"经营的银号、票号多达十几处,分布南北各地。"因而也被盛宣怀看中,列为第二总董。他们的条陈说帖、章程草案最具有代表性,理所当然地受到盛的重视。而且每一次盛宣怀都"详加批阅"。

张振勋认为,新的银行必须以汇丰办法为准。指出汇丰"开办未久,生意日旺",其原因是"管事当手皆商务中人"。这些人"熟悉市面并各处货物消长,信息灵通,心敏手快,故能操奇致赢,获此巨利"。①关于这点,外国人也承认"汇丰银行之所以取得成功最重要的原因是由于它把一些在远东的欧洲银行分行多年工作中锻炼出来、证明是有才干的人,派到重要的岗位上去。汇丰银行香港分行首任经理是一位法国人,即来自法兰西银行的克雷梭。汇丰银行上海分行的首任经理麦克莱恩是一位苏格兰人,原在苏格兰国民银行工作,是一位沉默但很有才干的人"。②汇丰的用人制度对于中国的新银行当然有重要借鉴意义,但张振勋认为同是"借用客卿","征用楚材",因中外情形不同,结果大不相同。因此,他建议:"今中国开办银行,无论现下将来,管事经手必需除去官场习气,皆用熟悉商务之人。"③这实际上是对未来中国新银行的担忧和对盛宣怀的提醒。

张振勋主张银行"管事兼用西人","必须择其曾在各银行当手办事、素有名望之人",认为这样做,"始能与各国著名银行联络一气,遇有缓急,汇划可通"。但他又指出:聘用西人,要"与之订立合同,合同内必须载明准华人总管随时查察,如有弄弊等情,立行辞退;即无弄弊等情,不能干事,亦准辞出。以免挟制,此要著也"。这些意见便成为日后聘用美德伦并与之签订合同的张本。

张振勋指出银行铸币发行钞票的重要性。"设银行必自购机器铸造大小各银元。"银行钞票"奏准通行各省埠,所有本行银票准取现银,并输纳地丁钱粮、厘金、盐课、捐纳、关税、解京饷、缴藩库、作船资、电费,不折不扣一如现银,此第一要义也"。④

严信厚在首次草拟的银行章程中,除了主张新办银行须仿照汇丰成法,铸币、发行钞票等外,特别强调以下几点:

一、新银行总行设在上海,不领官本,只招商股500万两,先由招商局、电报局等拨股本银200万两,以为之倡,其余300万两,选举各省董事,分别

---

① ③ ④　盛档:《张振勋拟呈银行条议》(光绪二十二年十一月十六日)。
②　毛里斯、柯立斯:《汇丰—香港上海银行(汇丰银行百年史)》,第8页。

认领。如果商股一时难于筹集,可仿从前招商局创办之初办法,先拨借北洋发商生息之官款,暂为垫足,待开办后,再行归还。①

二、新银行"毋庸再请洋人"。(后在第二次草拟的章程中删去了此条。)

三、主张将所有海关官银号归并银行。"其银行一切度支收入,即由关号之商伙妥为经理,以资熟手。"②还在银行筹议之初,严信厚曾向盛宣怀表示:"情愿以其独开之银号,归并公家之银行,使其局势宽展。"③后来又说:"闽海关同豫银号、厦海关永丰银号、江汉关协成银号、浙海关源丰银号、京城源丰润票号、天津源丰润票号、广东源丰润票号、香港源丰润票号、福州源丰润票号、上海源丰润票号皆已开设多年,各号掌柜亦诚实可靠,是以官商交孚,措施裕如。现在各省拟设分行,原可先议归并。因各号有与人合伙之处,一时遽难集议。而分行流通气脉必须同时并举,不容稍迟。……拟即在闽、粤、汉、浙、京、津各关号票庄内,悬挂中华商会银行(严信厚给新银行拟的名字——引者注)招牌,内分外合,即责成该号各伙友兼办银行诸事,接应会票,收解款项,各算各帐,以节经费,而归简便。"④盛宣怀何尝不想把全国官银号、票号纳入自己的势力范围内,无奈他尚无此能力。这些官银号、票号虽说是由商人开办,但都有各地官僚和官府作背景,官商勾结,根深蒂固,合并他们,真是谈何容易?!尽管盛宣怀对严信厚所拟章程和建议非常赞赏,但在盛宣怀那里,新聘请的总董开办官银号、票号、钱庄的大有人在,合并了严的号、庄,其他人的号、庄该如何处理?他聘用二十位总董,旨在网罗号、庄,开展业务,扩大他的银行影响。更有甚者,盛宣怀担心如此一来,他的银行很可能被别人利用,自己则被架空。所以,最终没有采纳严的建议。

除张、严之外,其他人草拟的章程内容大致不外乎采西法、铸钱币、发行钞票之类。盛宣怀综合了各方面的意见和建议,加上自己个人的意见,最后拟订一份《中国银行大概章程》,计22条。这是中国有史以来第一个银行章程。新银行取"通商惠工"之意,系为通商兴利起见,意在通一国之货财,供上下之求给,本与钱庄票号截然不同,又因奉特旨开设,故定名为中国通商银行。章程大旨是:银行系为商办,请户部酌存官款,作为护持;用人办事,悉以汇丰为准;总行设在上海,其他各府均为分行,股本银500万两,先收一半;聘用洋人为参议,充当公证人,等等。此外,对银行业务也作了种种规定。1897年2月(光绪二十三年正月)盛宣怀又将这个章程内容抄呈总理

①②④　盛档:《严信厚所拟银行章程》(光绪二十二年十二月初十日)。

③　《愚斋存稿》,卷一。

各国事务衙门王大臣。后来又于 1905 年，在这个章程基础上进行了扩充修改，制订了《中国通商银行章程》。章程共分总章、资本、股份、股东、股东会议、生意、钞票、董事、职守、分行 10 个部分，计 108 条。

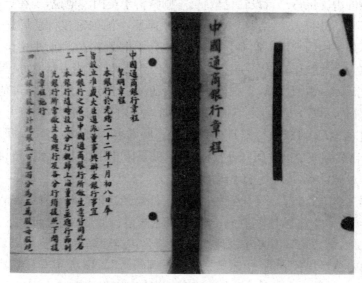

盛宣怀与银行总董所拟《中国通商银行章程》

在半殖民地半封建社会的中国，无论是谁，要想办成一件对社会有进步意义的事情是相当困难的。中国人要自己办银号，要"挽回外溢之权"，客观上就是要同洋人"争利"，这在操纵着中国政治、经济命脉的太上皇列强来说是绝对不许可的。清朝统治已腐朽不堪，内部派系复杂，加上满汉矛盾，互相钩心斗角。盛宣怀属于李鸿章淮系集团，由他办银行，这在其他派系的官僚来看，不啻是增强了淮系集团的势力，因此群起反对，或故意刁难，或大加牵扯，使其开办不成。这一切都给通商银行的开办蒙上了一层阴影，预示通商银行的成立绝不会一帆风顺。事实上，从通商银行筹办到正式开张（开张之后仍然如此），经历了一个风风雨雨、艰难曲折的过程。

外国列强反对中国开设银行并非始于通商银行创办之时。早在 1876 年（光绪二年），唐廷枢与丁日昌准备在华南某地开办银行时，当时英国《北华捷报》就公开著文表示反对。并企图借与中国政府合办"国家银行"为名，来阻挠中国人自办银行。现在列强再次听到中国人又要自办银行，口口声声要与外国银行"争利"，岂能袖手旁观，置之不管？于是千方百计对它进行阻挠、破坏，不让它办成。

　　第一个插手阻挠的是英国。1896年初,中国人要自己开办银行的消息传到英伦三岛,惊动了英国银行界。英国银行家葛突维廉坐不住了,他亲自跑到清朝驻英公使馆,求见公使李经方,要求由他代表英国帮助中国开设银行。新的中国银行总行设在伦敦,资本则贷借于英国。他说,现在英国银款极多,闲置无用,表示愿意借款给中国。"鄙意中国国家银行总局先行设在伦敦",如果中国政府以此事为然的话,他允予担保,并立即前来中国办理一切。他无耻地吹捧自己"在银行当差已历三十二年,充当银行总办已历二十年,资格甚深,情形甚熟,于中国国家银行总办一席最为相宜"。讲他"所拟之国家银行章程,极易举行。中国国家如肯借用金债,担保本利,并雇用善于理财之洋人,国家银行即日便可开办。所谓善于理财之洋人,即维廉是也"。①葛突维廉帮助中国开办银行,目的就是阻止中国人自办银行,借机输出英国过剩资本,进而控制中国的金融。

　　海关总税务司、英国人赫德听说盛宣怀要开办银行的消息后,扬言他要招集华资,开办一家中英银行,企图夺取通商银行商股,使通商银行开办不成。此外,赫德还唆使买办、香港济安保险公司经理陈穗勋(晓云)出面筹组一家由赫德操纵控制的"中国皇家宝源汇理银行"。1896年6月间,赫德将

赫德

所拟的这家银行章程递呈总理衙门,有关章程内容,当时中国的报纸也有所披露:"去年复拟有条陈上于当道,首拟创设银行,以总税务司主办;以各处有税关之地设立分局,除北京、上海、福州、汉口、羊城(即广州)五大总局外,余皆就地以总税务司代理,股本拟凑千万元,先收一半。所签发通用银纸,其数以实收之资本三分之一为率。此银行专造海关赋税出入官场银号汇兑,并兼理火车铁路需款。""设立银行为当务之急,并拟请派总税务司赫德君为总办。""惟所议银行董事主席,则推举总税务司赫君德为之。"②盛宣怀深知赫德有海关在手,华商易被笼络,赫德的银行计划如果成功,通商银行便办不起来,他的铁路督

----

① 盛档:《葛突维廉条陈中国设立国家银行函》(光绪二十二年七月十四日)。
② 盛档:《陈镳勋致盛宣怀函》,[附件三]《新闻三则》。

办一职亦将大受影响。于是他利用他的人际关系,活动当时的军机大臣、户部尚书翁同龢以及直隶总督王文韶、湖广总督张之洞等人,向他们呼吁:"闻赫德觊觎银行,此事(指开设通商银行)稍纵即逝","中国官银行归洋人开办,此中利权与平时借洋款无异,不过巧生枝节,其渔利一也"。①并利用这一点催促清政府早日批准他的银行计划。

　　除了葛突维廉、赫德等企图阻挠通商银行开设外,其他在华的英国有关人员也利用各种机会,企图将英国的金融势力打入通商银行。当听到通商银行"悉照汇丰办法",要聘用外人为大班的消息,汇丰银行总大班贾德纳立即写信给美德伦,告诉他"倘兄谋就此席,贾可从中为力"。②仁记洋行老板麦克鲁在给美德伦的信中则说:"你在汇丰银行二十余年,办理诸事谨慎可靠,在津与李中堂并大员经理银钱交涉,一切阅历甚深,于接办此事更为相宜。"③他们还分别给通商银行写了荐举信,说美德伦在汇丰"阅历甚深,大有用处,于押款交易极熟,日逐银行抵货价值甚明"。④仁记洋行洋东马格楼(前译麦克鲁)在推荐信中吹捧美德伦"素来办事忠心慎重","若办理新银行事,仆当以其为格外合宜也"。⑤有了这些人的推荐、吹捧,美德伦也趁机抬高身价,向通商银行提出聘用他的条件:任总行大班"以十年为期",给予"权柄纸(即合同书),行内各事归其经理","行内雇用洋人并以后或留或撤,归美酌定","按月给美薪水一千二百两正"。⑥

　　盛宣怀为了求得列强对其开设通商银行的"容忍",减少不必要的麻烦,对于美德伦所提条件,基本上都接受了。并与美德伦签订了有关合同书。在合同书上,甚至在银行大概章程中明确写道:聘"美德伦为大班,主行政务","本银行生意买卖办事,洋人美德伦主政。凡有陈[淦]经做华商生意,即当随时随事咨商美德伦定夺","本银行本街华商押款,如陈[淦]经手所做者,……随时与美德伦商办","库房钥匙两副,即由陈[淦]与管帐西人各执一个。本行总帐归西人登记,其各票等据同时归管帐西人收贮","本银行各户存项以及汇票收条各凭据,均归西人签字办理,事归一律",等等。从这些规定,乃至后来发行钞票也须美德伦签字来看,盛宣怀给予洋大班权力太

------

① 盛档:《严信厚等关于设银行、发行钞票的条陈》(光绪二十二年十月初二日)。
② 盛档:《贾德纳等荐函》(光绪二十二年十一月二十六日)。
③ 盛档:《麦克鲁致美德伦函》(光绪二十二年十二月)。
④ 盛档:《韦加纳荐美德伦函》(光绪二十三年正月二十二日)。
⑤ 盛档:《麦克鲁荐美德伦函》(光绪二十三年正月二十二日)。
⑥ 盛档:《美德伦致盛宣怀函》(光绪二十二年十二月初六日)。

大了,以致后来通商银行的总董对此"多有烦言"。美德伦当上大班后,因手握人事大权,先后将香港阿加剌银行大班拉打(一译莱德)、原汇丰银行的办事员厚士敦、哈罗而特、马歇尔(一译麦西尔)、里末特等一班洋员拉入通商银行,让他们分别担任香港、北京、天津分行的大班和总行洋帐房的大写和小写。

第二个插手阻挠通商银行开办的是沙俄。早在甲午战前,沙俄金融势力就侵入我国。1894 年,盛京将军依克唐阿在《条陈请行钞法并设银行折》中揭露说:1878 年(光绪四年),他在黑龙江副都统任内,"亲见爱珲商贾行用皆系俄帖,且华商购买货物,必须以银易帖,始可易货,以致边界数百里俄帖充滥,不下数百万。迨后调任珲春,见华俄互市,仍以俄帖为重"。甲午以后,清政府因俄国领头干涉还辽,对沙俄产生幻想,实行亲俄路线。而帝俄也趁机扩张侵略。1895 年,沙俄诱骗清政府签订《中俄密约》,取得了西伯利亚铁路穿越中国境内直达海参崴的修筑权。同年,沙俄设立道胜银行。该行的设立"标志着俄国在铁路和银行方面胜利的开始"。①该行表面上虽是由政府保护的私人公司,但其政治面貌是十分明显的。在银行业务之外,它还有政治工作。②中东铁路的财政就是由道胜银行控制的。

在盛宣怀刚奉旨筹设通商银行时,沙俄就要挟清政府入股道胜银行,企图将道胜银行变成中俄合办,以便扩充业务,进而控制中国金融,阻碍通商银行的开办。屈于沙俄的压力,清政府最终同意了沙俄的要求,并与之订立

哈尔滨华俄道胜银行

---

① 欧弗莱区:《列强对华财政控制》,中译本,第 58 页。
② 肯德:《中国铁路发展史》,第 47 页。

上海华俄道胜银行，今为中国外汇交易中心

合同。规定"中国应该给付该行库平银 500 万两，即按此数比例承受该行盈利和亏损"。①随后，沙俄又炮制了一份《华俄道胜银行条例》，条例规定该行管理权属于俄国，有权"领收中国国内之诸税，经营与地方及国库有关之事业，铸造中国政府许可之货币，代还中国政府募集公债之利息，布满中国国内之铁道电线"。根据这些规定，华俄道胜银行无疑是一家名为中俄合办、实为俄国控制的中国国家银行。"与俄国合资创办，以谋获得我国政府之各种优待，而收事半功倍之效，此道胜银行由中俄合办之原因也。"②"俄国银行之与中国合股者，意在侵攘各省关饷项官款汇拨存发之权，以夺中国商民之利也。"③"以制中国商民之命。"④户部尚书翁同龢气愤地说："开银行事，此事与铁路牵连，百计饴我，可叹！可叹！"⑤当时俄商四达祚福找到通商银行总董，说俄商已开道胜银行，"如华商愿与合股，即称中俄招商银行，中俄各举总办一人，各招商股 250 万两，悉归商办。所铸一两重之银钱，本行通用，似此中俄交情益固"。这种"交情益固"不过是"侵略越深"的代名词。总董答以事关商务交涉，必须从容禀商，加以婉言拒绝。至此，沙俄并未甘休，

① 张家骏：《中华银行史介》。
② 徐寄顾：《最近上海金融史》，下册，第 61 页。
③ 盛档：《银行商董呈递说帖》（光绪二十二年十月初八日）。
④ 盛档：《盛宣怀致陈炽节略》（光绪二十二年十月十二日）。
⑤ 《翁文恭公日记》（光绪二十二年五月初四日）。

仍继续阻挠通商银行的开设。之后，华俄道胜银行再次派人找到盛宣怀，穷凶极恶地说："现领得中国官股五百万，将该行改为中俄银行，欲邀宪台（指盛宣怀——引者注）为督办，请不必另开银行。"①盛宣怀气愤不过，当场予以拒绝。

对于通商银行的开办，美国政府也极为关注。美国政府早在19世纪80年代就曾建议中美合办银行。1887年，美国派米建威来华商谈合办华美银行，李鸿章曾派周馥、盛宣怀、马建忠三人同米建威草拟华美银行章程12条，又专款1条。章程规定该行禀蒙李鸿章"允准保护维持"，资本1000万美元，华美股各半，总行设在天津，两国各派副总办一名到对方国家代理总办事务，规定日后中国政府如开办铁路、开矿、纺织、营造等大工程需款，不拘多少，可向本行借贷。该行有权设厂鼓铸金银钱币，规定该行生意规条悉仿美国官银行格式。②章程集中反映美国垄断资本扩大对华侵略的企图。对于这个章程，当初李鸿章怀有浓厚的兴趣，认为"自系为振兴商务，有裨两国商民"，"与华商合股办理，足见公正平允，本大臣无不乐为保护维持"。甚至说："察核所拟尚属妥当，俱可照准，即派周道、盛道、马道与米建威签押……"表示"如果美商均能悦从，黄腾派克（美国拟派的银行督办——引者注）亲自来华再议详细章程定期开办，固本大臣所厚望"。③华美银行筹开的消息"轰传世界"，由于有利美国资本独占，遭到英法德等国反对。而国内得知后，亦是"朝议大哗，舆论鼎沸"，一片反对声。户部侍郎曾纪泽指出章程第七、八、九条最为要害，关系我国财政、金融、铸币等大政，不能接受。许多官僚指出与美人合开银行"只计其利，不计其害，且又假手洋商，使利归外人，害遗中国"。④81名御史联名上奏，弹劾李鸿章此举"简直是卖国了"。由于李鸿章事先未请旨，又见国内外一片反对，最终慈禧太后没有批准。由于有这段历史，因此在通商银行筹办时，美国对之予以密切关注。通商银行成立后，美国驻华公使就立即将开设的详细情况报告美国政府。

此外，比利时政府也利用中比卢汉铁路借款谈判之机，连续三次向盛宣怀提议中比联合开办通商银行的要求，均遭到盛宣怀的婉言拒绝。列强虽然最终未能阻止通商银行开办，但在通商银行成立后，仍继续破坏它，并多次图谋吞并它。

---

① 盛档：《银行商董呈递说帖》（光绪二十二年十月初八日）。
② 盛档：《华、美绅商集股设立中国官银行草议》（光绪十三年六月）。
③ 盛档：《李鸿章咨周馥、盛宣怀、马建忠文》（光绪十三年六月初三日）。
④ 盛档：《督办军务王大臣等关于开设银行的奏议》（光绪二十一年十二月二十日）。

通商银行在筹办过程中,还遭到来自清政府内部少数满族权贵的刁难和阻挠。

甲午战后,清朝统治大为削弱,威信扫地。满汉权力斗争更加激烈。新政的开展,新式企业的创办,权力越来越多地集中到汉族官僚手中,因而使满族权贵滋生疑虑。围绕盛宣怀的《自强大计折》和通商银行大概章程 22 条,清朝统治集团内部展开了一场激烈的斗争。

当时坚决反对通商银行开办的主要是总理衙门中的守旧官僚。他们认为开设银行会造成社会混乱,有动摇"国本之虞"。当银行由招商局挂牌代办招股登记时,他们针对盛宣怀呈递的银行大概章程进行严厉的驳诘,提出了种种责难,诸如:"设使将来办理稍有未善,则亏空赔累亦在意中,彼时其咎应归何人?"上海"立为总行固甚相宜。然此银行既已奉旨开设,……自以京都为总汇。京都若为分行,似觉外重内轻,不足以崇体制";"报效国家之款,于每年提给八厘官利并公积、花红以外,按十成分派,以二成报效。试问,国家能得几何? 自应于官利、公积、花红之外,按十成分派,应提五成报效公家";"铸银钱一项,所获利益应别订章程,另提加成报效,自不必在银行报效之内";至于钞票一项,以后发行钞票应先提银几成"存入官库"? 以后国家设有一旦要需,或数百万或数十万,银行能否"咄嗟立办"? 银行每届总册"应照缮三份,呈送军机处、户部、总理衙门存案,以备查核";甚至有人提出,规定"至银行资本,不得移作各项工业及一切买卖生理,亦不得收买各项房产、地基。其借与一公司或一商家之款项,不得过股本百分之十。所有存借进出之款在十万两以上者,除汇兑外,应报明随时立案,无庸俟至半年统行呈报";等等。[①]总理衙门大臣中的一部分大臣的驳诘暴露了封建官僚的腐朽、专横、贪婪和对现代金融的无知。

早在部文到达之前,盛宣怀已经通过在北京电报局的亲信冯志先搞到总理衙门大臣的"驳诘"内容,并召集银行总董商议对策,并抬出洋大班、聘请的外国律师,搬出外国银行章法,作为"护符",加以反驳。同时又装出可怜的样子,表示自己已尽了最大的努力。1897 年 4 月(光绪二十三年三月)他在回复总理衙门的函中说:"凡可通融者,悉已劝谕遵行(意即说服总董尽量照总理衙门'驳文'办),实有窒碍者,势难过相抑勒,致使已成之局隳于半途。"[②]要求清政府高抬贵手,及早放宽批准。

总理衙门的驳文内容传出后,一时社会上谣诼四播,议论纷纷。进行中的

---

①　盛档:《总理各国事务衙门咨盛宣怀文》(光绪二十三年二月十二日)。
②　盛档:《盛宣怀咨复总理各国事务衙门王大臣文》(光绪二十三年三月十一日)。

招股工作受到了很大的冲击。官府插手企业所带来的苦头,商人早已尝够。商人们原本就担心银行开办后被政府勒索而不敢投资,现在看到政府如此专横勒逼,就更不敢去投资了。登记入股者几乎绝迹,已经入股要求退股金额达60至70万两。总董会议记录簿上写道:"总署驳诘数条,闻者疑沮。三月以后挂号寂然,而已经付定挂号者应交九成更为寥寥,此商之不喜与官共事也明矣。"①

为了挽回颓势,盛宣怀一方面托李鸿章、翁同龢等支持他的人从中疏通;另一方面采取以退为进的方法,以从此不再过问银行事为要挟,表示自己不办了。结果这一手还真灵,总理衙门王大臣连忙联名致函解释劝慰,表示对银行章程的修改不再坚持:"查设立银行一事,本处日前咨询各节,系为顾全大局起见,并无益上损下之意,诚以事当创始,不厌详求,章程苟有未妥,正不妨悉心商榷,务令有利无弊,以期折衷至当,实无抑勒苛绳商人之见存也。""即请台端(指盛宣怀——引者注)详细酌核及早开办。"②翁同龢、王文韶、李鸿章是坚决支持盛宣怀开办银行的。1896年6月28日(光绪二十二年五月十八日),盛宣怀在致翁同龢外甥俞钟颖的函中说:"此事(指办银行)缘起,因中外条陈开设官银行,而大农(指翁同龢)商之于弟,以官行恐滋流弊,不妨照招商局先设商行,而官为扶持之。"王文韶在同年10月23日(九月十七日)致盛宣怀函中说:"琴川(指常熟,此处代指翁同龢)复书,现及铁(路)及银(行),连类相济,拟以官本一半辅之,俾群情鼓舞等语。似此事有必成,订章务期周密,超以象外,得其环中,斯臻妙境,望密存之。"11月9日(十月初五日),盛宣怀在致张之洞、王文韶函中提出:"惟银行有时须与户部、各省交涉,现无商务衙门,无所统率,开办时须一大员为之提倡,将来可由各商董公举督理,以通商情为宜。"翁同龢在总理衙门会议此事时表示:"常熟谓银行与铁路相为表里,宣折内未及督理之人,自因避嫌起见,但铁路招股借款,既须凭借银行,方能措手。应仍由两帅电奏或电咨总署,以似归并会议便可一议即准,免再转行,耽延时日。"表示由盛宣怀担任银行督理。并要他慎始图终,务望坚持一个"信"字,使"中外咸孚,远近信服,庶要举勿隳半途,是所企盼"。电报局委员冯志仙在次年4月25日(光绪二十三年三月二十四日)在致盛宣怀的密电函中告诉盛:"昨往翁宅候复,得见宫保(指翁同龢)谕云:'银行章程惟荣(指荣禄)有后言,好在众皆不以为然。可速即开办,必竭力扶持,决不掣肘。'"清政府终于开口批准通商银行按原订计划择期开办。

---

① 盛档:银行总董上盛大人第9号函(光绪二十三年四月二十四日)。
② 盛档:《总理各国事务衙门王大臣致盛宣怀函》(光绪二十三年三月十七日)。

　　然而,一波未平,一波又起,正当银行将要开张之际,御史管廷献又上了一道官设银行流弊宜防折。折中说:"缕陈原订章程,窒碍多端,有不可解者六条。大致谓银行不必冠以中国字样,官款拨存,亦须指定抵还的款及股商担保;汇兑官款,须交实银;设立商会公所,止议商务,不得干预金矿等务;银行设有拖欠,与国家无涉,自系慎始图终,预防流弊起见。平心而论,银行之设,固属富强要图,然滋事体大,中国情形与东西各国亦有不同,现当创办伊始,自应通盘筹划,计出万全。"①管折名义正大,好像出于审慎,其实也是对新式银行一窍不通。清政府见了管氏奏折后,不免又犹豫起来,究竟开办银行是有利还是有弊?一时吃不准,于是要王文韶、张之洞两人再次联名复议具奏。

　　王文韶,祖籍钱塘(今杭州市),但自幼在江苏嘉定长大,与盛宣怀同属于江苏。平日彼此关系不错。王本来就支持盛宣怀开设银行,所以,要他复议不成问题。关键是张之洞。对于盛宣怀开设银行,张之洞从内心深处就不赞成。张之洞担心通商银行铸造银币不利他的湖北铸币局,因此,暗中大加牵扯。他说盛宣怀"总司南北铁路,任寄已重,体制已崇,事权已专,忌者已多,若再督办银行,必致群议蜂起"。在讨论复议银行开办利弊时,他推说外国官办银行和商办银行是不同的。至于盛宣怀所拟的银行章程,他说没有研究过,因此利弊很难详审,不敢草率复议。盛宣怀见此万分着急,只得请王文韶向张之洞说情。王文韶对张之洞说:现在外人窥伺在旁,赫德插手尤为可虑,时机紧迫,刻不容缓,不能再迟误了。张之洞则坚决表示铸币是国家的权利,通商银行既是商办,就不能铸造钱币。盛宣怀明知张之洞有意刁难,为求银行办成,只好隐忍,点头表示答应。只到此时,张之洞这才同意列名具复。王文韶见此,恐夜长梦多,鼓励盛宣怀立即开办,并赠言:"竖起脊梁立定脚,拓开眼界放平心。"要他好好去大干一场。5月3日(四月二十九日),李鸿章也致函盛宣怀:"银行事"与"卢汉借款,吾与常熟力持乃定",也表示全力支持。

　　在盛宣怀紧锣密鼓地筹办通商银行期间,容闳也在计划筹开另一家银行。还在1896年11月(光绪二十二年十月),容闳就向总理衙门呈送了《续拟银行章程六条》。容闳所建议开办的银行是国家银行,开办的办法是参照美国银行章程,资本定为1000万两,统由户部筹拨,总行设在北京,分行遍设各省城及通商口岸,统称官银行。分行应招商股,银行一切事项均"咨明户部办理",发行钞票,兼管钱币制造,招请美国熟手公司经理业务,其营业暂收官商存项并汇划支付等款。②对于容闳这一银行计划,据说"总署嘉其

① 《大清德宗景皇帝实录》卷三九一,光绪二十三年三月。
② 《皇朝经世文新编》,商政下。

言,为之封章入奏,得旨允准"。①"现闻朝廷准许筠庵(即许应骙)都宪、张樵野(即张荫桓)侍郎所奏议,在北京开创皇家总银行,而分支于通商各口岸,此诚中国振兴之机也。"②"闻总署意见,拟集资本一千万元,各股先交实银一半,俱收中国人股份,开设后签发通用银纸。"③当时容闳的部署已大致确定,准备受户部的委托,前往美国财政部商借款项。盛宣怀听到这一消息,又是一番紧张,如果容闳建议的国家银行实现,他筹办的通商银行就要夭折。他连忙打电报给翁同龢,要翁同龢"暂缓此举"。好在帝师、户部尚书翁同龢是他的江苏同乡,当时主持朝政,又大力支持他开办通商银行。而支持容闳银行的许、张同为容的广东同乡,地位远在翁同龢之下。况且当时国库空虚,债台高筑,开办银行须向美国借款,银行开办后要聘用美国人经理,这些都是翁同龢及众多大臣乃至奕䜣、慈禧太后所不愿看到的。由于翁同龢的坚持,容闳开办的国家银行计划未能实现。不过,容闳的国家银行计划一时虽未能实现,但后来清政府还是设立了大清户部银行,即今日中国银行的前身。

招股问题是通商银行筹办过程中反复最大的一个问题,围绕着要不要领存官款,上上下下,反复了几次。

还在筹办之初,盛宣怀与各总董都力主银行商办,只招商股,不领官本,因为领了官本,就难免政府官僚插手银行事务,这是总董们特别是盛宣怀不愿看到的。1896年,清政府应俄国要求,在道胜银行投资500万两作为股份,将俄商道胜银行变为华俄道胜银行。这件事给盛宣怀以强烈刺激,使他感到不借"君权",没有官府的"维系",银行就办不起来,更谈不上享有只有国家银行才有的特权。"若无官本,官无利益,官必不认保护之权。"④又势必被人视为垄断,而与己不利。再有,银行没有官股,不能取信外人,"不独为俄国银行所轻视,并将为各国银行所窃笑。皆将曰,中国国家尚不肯入股,其不足信明矣!一经谣诼,大局攸关"。⑤于是他遂即改口:"伏念初意,由商家设立银行,盖欲慎始图终,积小成大,本不敢遽执为一定不移办法。"⑥表示他并非一定坚持商股商办,要求清政府加入官股。"请拨官款,作为中国官商公私银行,所有各省关汇拨中外官款皆责成该银行承汇,不许他人领兑,庶可杜绝俄国银行觊觎。先发制胜,亦可免向总署饶舌,当诘以

---

① ② 盛档:《陈锜勋致盛宣怀函》,[附件三]《新闻三则》之《议设银行》(抄录《中西日报》)。

③ 盛档:《陈锜勋致盛宣怀函》,[附件三]《新闻三则》之《兴利续谈》(抄录《中外新报》)。

④⑥ 盛档:奏片(光绪二十三年三月)。

⑤ 盛档:《银行商董呈递说帖》(光绪二十二年十月初八日)。

不许他人承汇,固足以抵御俄行借口。"①假若"转无官股,揆之春秋内外之义,轻重失均,尤关政体"。②盛宣怀惟恐此举被人指为出尔反尔,同时也为求得官股,于是又运动舆论。他秘密写信给翁同龢的亲信、御史陈仲云(即陈炽,字次亮,原为已故大学士、户部尚书阎敬铭的门生),要他奏请饬议银行宜入官股:"前在都下奏陈银行一事,专主商办,本系下采商情,慎之于始,意在积小高大,不敢恢张。近正招延商董,集股定章。适俄商道胜银行,以现已领得中国官股五百万改为中俄银行来告,其意在阻止中国自设银行,而侵夺我内部及各省关汇拨存发饷项官款之利权,以制中国商民之命。华行全属商股,彼转得持太阿之柄以相钤制,无以副收回利权之谕。当与众商密切筹议,非请国家拨入官股,不足以杜阴谋,而防后患。惟商办之议,发于不才,仰蒙谕旨饬办,此时再请官股,虽缘事势变迁,异于出尔反尔,特恐外人饶舌之隙,将由此而起。惟由言路奏请饬议,则言顺事成,不着迹象。"③

盛宣怀虽主张请户部拨存官股,但是许多股商对领存官股仍心存疑虑。有的指出:设用人不当,办理不得其法,一有亏挪,势必查办,既多扰费,事权亦难划一,主张"虽领官本,仍归商办"。④盛宣怀说,此大可不必过虑。"或谓中国商情常畏官府之束缚掣肘,大信难孚,则有西国银行之法在,又何必因噎而废食哉!""西人任事专精,执权不扰,官商纵极有权势,欲扰夺其分内权柄,必不为动。"⑤至于总董,内部意见也不一致。张振勋远在南洋,建行活动基本未甚参与。严信厚则坚持"银行既照商办,不宜请领官本,而宜请领官银作为存项也"。他说:"官商隔阂,至今如故。若银行领有官本,商股必然裹足。"他主张"拟请大部拨银二百万两发行生息,作为存款"。他要盛宣怀向清政府要求"请将各省拨还英、法、俄、德洋款每年一千二百万两,咨明户部归银行一手经理,以专责成",凡是户部存银、各省藩道库银皆存储银行。⑥盛宣怀觉得严的这个意见很有道理,在经过反复考虑之后,就以"官股利害相兼,不如请领官款"为理由,要求清政府拨存官款。并说设使户部一时无款可拨,请从铁路借款1300万两中奏明先划拨200万两。官款即使不能久存,嗣后可分年拨还。催促清政府快下决心,"惟事机宜速,稍涉迟

---

①④　盛档:奏片(光绪二十三年三月)

②　盛档:《陈炽关于银行招商宜入官股折》(光绪二十二年十月二十四日)。

③　盛档:《盛宣怀致陈炽节略》(光绪二十二年十月十二日)。

⑤　盛档:《陈炽关于银行招商宜入官股折》(光绪二十二年十月二十四日),及《盛宣怀禀》(光绪二十二年十月二十六日)。

⑥　盛档:《中国银行说——严信厚所拟第二个银行章程》(光绪二十二年十二月十八日)。

钝,恐外人闻知,必起而与争,则徒费周章"。"与其将来受中俄银行垄断,利归外人,不如早为之计,利仍归我中国官商。时事变迁,强邻环逼,稍有失算,即为外人占我先机,此诚不可不防。"①由于翁同龢、李鸿章等人的疏通,户部同意拨存部款 100 万两交存通商银行,议定长年 5 厘起息,存放 6 年为限,按年付息,限满后再分作 5 年,每年归本 20 万,息亦递减。1897 年 5 月 17 日(光绪二十三年四月十六日)户部百万存款如数拨存通商银行。

拨存部款,对于盛宣怀来说,真是利权双收。等于为通商银行吸收了一笔"整存零取"的定期存款,具有临时资本的性质。直到 1907 年(光绪三十三年)银行才还清这笔存款本息。这对初期的通商银行来说,实际上是一个不小的支持。严信厚事后在一次致盛宣怀的信中说:银行领有部款,不但"银行得占面子",又因"系我公督办兼有官款存焉,人皆畏惧"。②后来无论是天津分行大班梁景和挪欠行款,还是镇江分行大班尹稚山亏空行款,以及其他分行发生拖欠行款逃匿事情,盛宣怀总是打着"本行系奉旨开办","领有部款在内,与寻常商家银行不同"的招牌,责令地方官协助他追款破案。张之洞称通商银行是一家"不官不商、亦官亦商"银行,有一定的道理。

按照行章规定,通商银行股本为规银 500 万两,开办时先收一半,即 250 万两。议定由盛宣怀负责认招轮船招商局股份 80 万两、电报局股份 20 万两;各总董认招华商股份 100 万两,其余 50 万两听由各省埠华商承购认招。招股的实际情况是:轮船招商局、电报局认招的 80 万两和 20 万两分别于

中国通商银行筹备处设于轮船招商局内

1897 年 5 月 20 日如期交拨。此外,属于盛宣怀个人名下包括他本人和其他大官僚如李鸿章等人认购的在内计 39 万两,积极赞助盛宣怀开办银行的王文韶也认购了 5 万两。总董中张振勋认购了 11 万两,严信厚认购了 10 万两,仅从上几笔算起来已有 165 万两,若加上其他总董认购和认招的股份,为数已有 200 多万两。可是各省埠认招的情况非常不理想,有些地方只招到数股或数十股。以北京为例,因为风气未开,"将信参半,派售股票,不易出销"。①广州招股"虽经竭力设法,无如人情观望,甚难得手,前领股只可暂行自受。现在票仍复至八折稍零"。②即使打了八折,也不易销售。福州因"近年茶市不佳,……光景年不如年,是以通商银行股份共只集得五十二股"。③扬州本拟开设分行,终因招股不易,未能开成。各地招股不佳,固然受了总理衙门大臣"驳诘"的影响,主要还与当时官、商、民的理财观念有关:"民间自多疑沮,对于认股毫不踊跃,当时中国人还不晓得银行的性质,有钱的人多喜欢买房地产,没有投资的习惯。"④到 1897 年 5 月 21 日(光绪二十三年四月二十日)距银行开办只有二三天,股本还缺 30 多万两。股银未招足,银行不能开办。总董、大班们心急如焚,不得不如实函告远在汉阳正忙于卢汉铁路借款谈判一事的盛宣怀,最后还是由盛宣怀个人垫出 34 万两,通商银行才如期开张。关于此事,银行总董会议记录簿上写道:"当银行开办之初,股未招足,而开市在即,不得已恳请督办盛宫保垫银 34 万两,方足 250 万两股本之数,当经填就股票 6800 股,仍存银行,应派股息,亦由银行收取,此宫保扶持银行之美意也。后来光绪三十四年汉阳铁厂备用银行银 36 万两,议定将全厂抵押,长息 9 厘,以息抵付押息,经公同酌议,所有宫保垫付股本以及铁厂应还银行押款两相抵。俟天津分行帐目查清后,再行彼此清算。所有铁厂押款之凭据即日交还,其股票亦归银行收受。"⑤由此可知,通商银行开办时,股本并未招足,所谓"商股"主要还是官僚买办资本,属于纯商人的股份极少,而这些商人也主要是与洋务官僚、买办有依附关系的人或者是为他们服务的经理人。

1897 年 5 月 27 日(光绪二十三年四月二十六日),中国人自办的第一家银行——中国通商银行在经历了各种艰难曲折后,终于在上海外滩路广东路 6 号(原大英银行旧址)挂牌宣告成立。它的诞生是近代中国金融史上的

---

① 盛档:《庆宽致盛宣怀函》(光绪二十七年十二月初二日)。
② 盛档:《王同燮致盛宣怀函》(光绪二十三年十一月十八日)。
③ 盛档:《王叔藩致盛宣怀函》(光绪二十三年五月十五日)。
④ 章乃器:《中国资本金融问题》,第 54 页。
⑤ 《银行总董会议纪录》(乙巳年三月二十日)。

重要事件,它标志着中国资本主义发展已经进入了一个新阶段。同年 6 月
19 日,上海《华报》发表社评,指出它的成立"开二千年来未有之局,立十八
省致富之基"。"规划宏远,海内同钦",是中国银钱界的"美事"和"壮举"。①
通商银行是中国银行的嚆矢,同业银行的鼻祖。虽由仿效外国在华银行而
来,然而毕竟是中国人自己开办的第一家银行。自此,中国人有了自己的银
行。因此,它的诞生客观上为中国人(官僚、地主、买办、商人、民族资本家
等)的货币积累向资本主义银行的发展作了一个重要的开端。

通商银行洋帐房简表

部 门	姓 名	职 务	月 薪
大班办公室帐房人员	美德伦	总行洋大班	1200 两
	马歇尔	大写	300 两
	里末特	小写	275 两
	郭云溪	帮写	75 两
	黄景川	帮写	75 两
	严成德	帮写	40 两
	增添一名	大写	300 两
洋帐房其他开支	项目名称		费用数目
	洋大班家属住房费		300 两
	巡捕捐费		50 两
	笔墨纸张等费		50 两
	信资帐簿电报费		35 两
	津贴费		30 两
	电灯、煤油灯费		50 两
合计			2705 两

注:每月津贴费只是概数,实际超出规定很多。洋大班、大写、小写每四年回国探亲
一次,费用由行报销。医药费、临时添置什物费用不在规定计划内,随时报销。洋帐房
每月实际开支在 3500 元左右。

资料来源:本表依据盛档通商银行资料编制

---

① 上海《华报》社论:《闻中国通商银行开张喜而论之》,1897 年 6 月 19 日。

通商银行华帐房简表

部　门	姓　名	职　务	月　薪
大班办公室 帐房人员	陈淦(笙郊)	华大班	100 两
	陈福保	买办兼跑楼	75 两
	田洪泉	跑楼	20 两
	朱襄侯	正帐房	10 两
	顾松亭	副帐房	10 两
	赵振之	副帐房	10 两
	严盘渔	副帐房	8 两
	孙文卿	副帐房	8 两
	未定 1 名	副帐房	8 两
出店人员	写字楼用 3 名	每名 6 两	计 18 两
	帐房用 3 名	每名 6 两	计 18 两
	写字楼用西人 2 名	每名 9 两	计 18 两
	茶房用 1 名		每月 3 两
合　计			306 两

注:华大班及华帐房人员一切应酬、舆车均归自理,不得另作正开销。华大班及帐房所得拆票佣金悉照汇丰章程。无特殊情况,每月费用不得超过 306 两。华帐房年开支在 3600 至 3700 两之内。

资料来源:本表依据盛档通商银行资料编制

第四节　通商银行早期经营活动及其特点

　　盛宣怀心目中所要办成的通商银行是一个类似于"国家银行"①的跨越中外的大商业银行。根据他的设想,通商银行要以上海为金融中心,以北京、香港为南北重镇,其余各省会、各通商口岸均次第开设分行。总之,凡是生意兴盛、经济发达的地方均须开设分行。在国内营业开展起来后,再借国家之力,将通商银行的业务活动"推暨于欧米(美)诸洲"。②要在各国的大都会,诸如英国的伦敦、法国的巴黎、美国的旧金山、纽约、日本的神户、大阪等

---

①　李恩培:《百年来之中国银行》,《学林》第九辑,1947 年。

②　盛档:《筹办中国通商银行次第开设情形折(底稿)》(光绪二十四年五月)。

地开设分行。另外在华侨集中的东南亚地区也打算开设两三处分行或支行。根据他的这个设想,自总行成立后,于是年秋天起,陆续开设了北京、天津、香港、烟台、福州、九江、汉口、重庆、沙市、长沙、广州、常德、宁波、苏州、镇江、保定等分行。此后又开设了无锡支行,在新加坡一度设立代理处。

1911 年前通商银行分行开设情况简表

分行名称	开设年月	董事及出身	大 班	分行业务大概	关闭时间
北京分行	1898 年 4 月	王文郁补用知府	厚士敦(洋)、冯商盘、钱荫堂	庚子年被抢、亏损 40 多万两	1909 年改为代办处
天津分行	1897 年 12 月	不详	哈罗而特(洋)、梁景和、冯商盘、陈日初	梁景和挪用巨资庚子年停业行亏 97 万多两	1905 年 7 月歇业,次年重新开张
香港分行	1897 年 8 月	温灏(佐才)	拉打(洋)、冯厚光、韦华廉	开办三年行亏 2、3 万两	1905 年 6 月关
汉口分行	1897 年 11 月	蒋定权知县	林友梅、蔡董臣	专与汉冶萍往来	1911 年 10 月关
九江分行	1898 年 4 月	郑炳勋郎中	郑炳勋兼	专与大冶铁矿、萍乡煤矿往来	1905 年 5 月关
镇江分行	1897 年 6 月	尹德坤内阁中书	梅桐村	尹稚山挪欠镇江关款,使行亏 30 多万两	1905 年 7 月关
广州分行	1987 年 7 月	王同燮候选知县	王同燮兼	每届盈余数千两不等	1899 年关
汕头分行	1897 年 9 月	洪秉钧候补知府	洪秉钧兼	开办三年亏 5 万多两	1900 年 3 月关
福州分行	1898 年 2 月	王同恩候选通判	王叔藩、许汝棻	开办三年亏欠 5 千多两	1900 年关
烟台分行	1897 年 8 月	万霞如、万耕畬	万氏父子兼	每届盈余一二千两	1906 年 3 月关
重庆分行	1899 年 11 月	包星伯、包国康	包氏叔侄兼	盈余少,有亏欠	1904 年 3 月关
宁波分行	1898 年	陈玉甫	陈玉甫兼	开办以来,毫无盈余	1905 年关
保定分行	1899 年	王兰亭	王兰亭兼	专与卢保铁路往来	1903 年 6 月关
常德分行	1898 年 12 月	蒋定琨候选同知	王定琨兼	开办以来从未盈余	不详

（续表）

分行名称	开设年月	董事及出身	大　班	分行业务大概	关闭时间
长沙分行	1897 年 11 月	朱昌琳候补道	朱昌琳兼	开办以来未见盈余	不详
沙市分行	1897 年 8 月	不详	不详	不详	不详
无锡分行	1909 年	不详	不详	不详	不详
新加坡分行	1899 年	不详	不详	不详	不详

资料来源：本表依据盛档通商银行资料编制

　　在业务方面，于 1898 年（光绪二十四年）发行了银元券和银两券。银两券 10 万两，计分 1 两、5 两、10 两、50 两、100 两五种。银元券 100 万元，计分 1 元、5 元、10 元、50 元、100 元五种。银两券、银元券均由英国布拉尔·威尔京森印钞公司承造。钞票的正面印有英文行名（意即中华帝国银行），钞票的背面是中文"中国通商银行钞票永远通用"，"只认票不认人"，四角印有盘龙，红色线条。发行之日告示中说发行钞票是"以便民用，而抵制洋商的纸币"。这是中国第一次发行的银行钞票，是"吾国近代银行兑换券之嚆矢"。①1904 年为防伪造，再印 5 元、10 元、50 元新钞三种，上面特意加印"财神"图像。1905 年后又在钞票上刊加时日，西历刊于票正面，农历刊于票背。并仿外国银行办法，在钞票上加上美德伦英文签名，可为细密。

光绪二十四年（1898 年）中国通商银行上海通用银两拾两

---

①　张家骧：《中华币制史》第二编，第 101 页。

中国通商银行钱币

1898 年、1904 年通商银行钞票印刷数目简表

印刷年份	银元券（万元）						银两券（万元）					
	1 元	5 元	10 元	50 元	100 元	合计	1 元	5 元	10 元	50 元	100 元	合计
1898 年	20	80	85	35	15	235	10	15	15	5	5	50
1904 年	—	175	210	50	—	435	—	—	—	—	—	—
合计	20	255	295	85	15	670	10	15	15	5	5	50

注:(1) 1898 年银元券、银两券由英国"Barclay & Fry London"印钞公司承造。
　　(2) 1904 年银元券由英国伦敦"Bradonry Wilkinson"印钞公司承造。
资料来源:本表依据盛档通商银行资料编制

　　通商银行开头数年银行经营总的业绩不错。1897 年总行拆票即达 280 万两,"市上得此巨款,藉为挹注,众情欣喜。而总行得此厚利,春夏之抱耗均可弥补耳"。①盛宣怀 1898 年在给清政府的奏报中说,银行"计已开办两年有余。据商董呈报,每六个月结帐一次,除开销外,收银发给商利四十万两,缴呈户部利银十万两,尚属平稳。询诸汇丰开办之初,尚无此景象"。②

1897 年 7 月通商银行上海总行经营帐略

单位:九八规银两

收		付	
项目	银数	项目	银数
股本银(49692 股)	2134600	庄号拆票	3070000
户部存款	1000000	汇丰往来存	400000
仁济和存款	410460	盛宣怀经手湖北股银	60750
挂号银(1087 股)	5435	蒋少穆	3500
300 万两存庄息银	9951.56	北京房价	8500
存各庄往来银	2172.27	购买铁箱	1833.2
电报局交来股银	10900	本月薪金	5527.5
盛宣怀划来股本(6000 股)	300000	房　　租	1758.2
		开缴银	4742.87
合计	3873518.83	合计	3556611.77

注:收付两抵,结余 316907.06 两。
资料来源:本表依据盛档通商银行资料编制

　　银行开办头三年除各项开支外,尚盈余 14 万多两。盛的说法并非夸张。由于是中国人自办的第一家银行,民情欢跃。"此举开未有之风气,浚中国莫大之利源,凡有血气者无不乐观厥成。"③国内商人对之信心满满。加上盛宣怀"咨明各省关",四处招徕生意,银行开办初年,营业的确甚佳。银行开办当月,仁记保险公司就连续两次存银 40 万两。1902 年又增加到 70 万两。招商局在 1905 年前营业较好,日常在通商银行存款多在 30 多万两以上。铁路总公司也在通商开户存银,1898 年存银为 262 万两,以后逐年增加,到 1899 年为 395 万两。铁路存款系活期整存,一旦需要,随时支付。银行的放款情况亦不错,开行当年即达 395 万两,1899 年

---

① 盛档:银行总董致盛宣怀函(光绪二十三年十一月七日)。
② 盛档:《盛宣怀推广通商银行以流通自铸银元折》(光绪二十四年九月)。
③ 盛档:《王同爕致盛宣怀函》(光绪二十三年十二月)。

已上升到 582 万两。

1897—1916 年通商银行上海总行业务简表

单位:规银万两

年份	存款	发行钞票	现金	放款
1897 年	261.87		28.60	394.90
1898 年	267.10	28.73	30.76	395.34
1899 年	397.06	63.19	35.29	581.81
1900 年	288.61	33.77	27.04	350.11
1901 年	不详	不详	不详	不详
1902 年	不详	不详	不详	不详
1903 年	233.90	10.35	59.89	369.10
1904 年	189.38	9.28	49.84	261.31
1905 年	386.77	82.15	36.24	610.66
1906 年	194.28	170.52	28.65	562.54
1907 年	224.80	231.32	25.05	691.97
1908 年	194.49	131.19	33.78	559.70
1909 年	200.19	128.72	23.88	623.46
1910 年	不详	152.15	不详	482.04
1911 年	311.21	150.03	不详	不详
1912 年	281.31	240.70	105.22	648.44
1913 年	337.37	177.50	212.80	538.89
1914 年	398.59	198.25	188.59	637.68
1915 年	486.50	238.48	157.97	800.24
1916 年	415.03	159.23	81.93	716.29

　　注:(1) 1900 年的统计数据,因义和团运动,京、津、烟台分行统计不完整,有误。
　　　　(2) 1911 年存款数因辛亥革命发生,缺 11、12 两个月数据。
　　资料来源:本表编制除依据盛档通商银行资料外,还参考了上海市人民银行金融研究所编的 1912—1916 年的有关统计数据

1897 年 7 月—1900 年 7 月通商银行六届帐略

金额单位：规银两

时　间	届数	股息	发放数	收付结果	公积
1897 年 7 月—1898 年 1 月	1	8 厘	100000	余 23101.1	27827.03
1898 年 2 月—1898 年 7 月	2	8 厘	100000	余 34500.3	不详
1898 年 8 月—1899 年 1 月	3	8 厘	100000	余 28741.1	不详
1899 年 2 月—1899 年 7 月	4	8 厘	100000	余 36921.47	12516
1899 年 8 月—1900 年 1 月	5	8 厘	100000	余 56001.11	30876
1900 年 2 月—1900 年 7 月	6	8 厘	未发	不详	145108.23

资料来源：本表依据盛档通商银行资料编制

通商银行初期经营活动呈现了以下几个特点：

存放款的业务对象主要是政府机构和官员。通商银行虽属商办，但系"奉旨开办"，且清政府给予铸币等特权，并存有百万两银款。所以，银行开办后，银行存放款主要来自官府和官僚个人的款项。这里，仅以天津分行为例。《光绪二十六年九月天津分行与各户往来录》中，与天津分行有款项存借业务往来的单位就有：海防局、支应局、山东藩署、卢保铁路经理处、裕丰银号、北洋银钱所、津海关道署、津海关道帐房、俄文馆、大沽船坞、北洋机器局、轮船招商局、建平矿务局 13 个单位，这些局、所大多属于官方机构。至于官僚同银行有款项存借往来的人就很多了。仍以天津分行为例，储户名单中就有荣禄、萨镇冰、黄花农、张振荣、李经方等数十名大小官吏。他们存款数目不多，少则数十两，多则六七千两，多为平日薪俸积蓄。对通商而言，看中的不是官吏所存银钱数目，而是他们的影响。

收解汇兑官款是通商银行初期又一项主要业务活动。开始华大班陈淦不愿作官款汇兑，每每嫌其琐碎，盈利不多。盛宣怀却坚持一定要做。"其零星数目，虽属烦琐，然各省汇兑皆是揽生意之道，断不可嫌其烦琐。"[1]"承汇官商款项必须格外招来，每千两汇费虽少，甚至当差无利，亦须承接。汇丰银行汇票不赚不做，通商银行汇票不赚亦要做。"[2]初期汇解官款不是太多，但自 1900 年（光绪二十六年）后，由于盛宣怀与端方、周馥的关系，镇江、天津、重庆等分行代解官款有所增加。如镇江关道曾一度浮存 40 万两。通

---

[1]　盛档：《盛宣怀致陈淦函》（光绪二十七年五月初一日）。

[2]　《中国通商银行公信录》（光绪二十三年□月初三日盛大人 14 号来函）。

商银行汇解官款中有不少是官员的捐款,这个捐款非捐赠性质,是指捐官买官所用的经费。在通商银行开办前,这类捐款大多由庄、号承汇。但根据盛宣怀的要求,"凡是赚钱的生意都要揽着做"。承解各地官僚的捐款,汇水虽微,获利不多,但政治收效很大,既可与各地大小官僚保持联系,联络感情,扩大银行影响,银行借此亦可得到他们的护持。所以,每碰上这种事情,盛宣怀总要叮嘱总董认真去做。"事关捐务,限期迫促,万勿延误,是为至要。"①

庚子事变后,通商银行承办汇解江苏、广东、四川、湖北、甘肃、山西等省的捐款多达数十万两。1902 年 1 月 9 日(光绪二十七年十一月三十日),总行承解汇京捐款高达 42500 两。1905 年科举考试停止后,仕途受阻,因捐纳未停,捐官空前活跃,1906 年 7 月 2 日(光绪三十二年五月十一日),汉口分行汇京捐款为 23400 两。汉口分行的金世和致函盛宣怀,要求盛向湖广总督建议,嗣后所有湖北汇京捐款统由汉口分行承汇。②辛亥革命前数年,北京分行的业务几乎主要是承接各处汇来的捐款。

庚辛年间,通商银行还汇寄官员的报效。庚子年,慈禧太后挟持光绪帝逃往西安。西安行在在在需款。盛宣怀与刘坤一、张之洞等发起"东南互保"。为了表示效忠,又大力承解东南各省汇往西安行在的官款和捐款。北京分行虽在庚子事变中被抢被毁,但总行还是为远在西安的荣禄武卫中军汇去银 2 万两。李鸿章在京与八国联军议和期间,因办理各项"公务"需款甚多,当时北京与各地汇兑业务都掌握在汇丰、华俄道胜等银行手中,李鸿章总嫌汇费太贵,要求通商银行代为办理,盛宣怀欣然同意。指使通商"汇费须定一酌中之价","较外国银行稍为便宜"。③"如无汇款可解,当托麦加利银行装现至津。"据是年《杭州白话报》记载,是年通商银行承解北京的银两至少在 26 万两。1902 年 7 月,盛宣怀得到卢保铁路经理处孙锺祥有关慈禧太后回銮需款甚急,望通商银行急汇银 2 万两的电报,立即电令通商银行快汇。据不完全统计,在庚子事变中,通商银行承解报效西安行在的公私银两不下 60 多万两。盛宣怀的效忠得到了回报,被赏加太子少保,授予工部左侍郎,"奉懿旨以承办大差周妥交部优叙,服阕到京,请安召见,赏赐紫禁城内骑马"。④后来官制改革,又当上邮传部大臣,成为清朝阁臣中决定经济

① 盛档:《盛宣怀致陈淦函》(光绪二十七年八月十九日)。
② 盛档:《金世和致盛宣怀函》(光绪三十二年五月十一日)。
③ 盛档:《盛宣怀致陈淦函》(光绪二十七年六月初十日)。
④ 《龙溪盛氏宗谱》卷七,世纪录,十一至十五世,长房三分,七十四。

政策的要员。政治地位,扶摇直上。连慈禧太后也不无感慨地说:"今日看来,盛宣怀是不可少之人。"①

　　对外国在华洋行开展贷借,是通商银行开办初年的业务特色之一。通商银行开办后,本着"赚钱的生意都要揽着做"的原则,加紧对外国在华洋行的贷放款活动。正如有人指出的那样,"至于中国的新式银行,亦是以便利外商银行及商行为前提的"。②可以讲,凡是有通商银行的地方,无一例外都同外国洋行、银行有业务往来。从中国人民银行上海市分行档案室保存的通商银行早期英文帐册资料来看,通商银行总行开办前三年,同上海地区的外国洋行有借贷业务关系的不下 34 家,其中主要有德商瑞记、礼和,英商祥记、祥茂、怡和,美商茂生、公信、美孚火油公司等洋行。1898 年总行对在沪外国洋行放款为 64 万两,占总行是年放款的 38%。此后继续增高,1901 年达到 198 万两,占是年总行放款的 73%。其余年份一般都保持在 10%至40%。至于放款给与外国洋行有业务往来的在华厂矿企业也不少。总行同外国在华银行往来也很频繁。尤其是铁路外债借款有一部分拨存通商银行后,因借款大多由外国在华银行承借,因此在业务上便与通商银行发生种种联系。通商银行放款给外国银行数目虽然不多,但也是常有的。通商银行开办的当年为 9.5 万两,1902 年为 30 万两,占是年总行放款的 15%。通商银行总行同在华外国洋行、银行的借贷投放,大多是由美德伦拉的关系,但也有是业务上有求于外国洋行和银行的。如 1902 年华盛纺织总厂定购英商瑞乐洋行棉花 200 担,须由汇丰银行在埃及做带根汇票 46000 余两,盛宣怀指令通商银行向汇丰说明,由美德伦到汇丰作保,俟棉花到沪,即由通商银行代华盛总厂付款给汇丰。此外,通商银行总董中不少人早已与外国洋行、银行有业务往来,有些还是外国洋行的买办。如总董叶成忠早年通过与外国兵舰作生意,就与美商建立了联系。1900 年前,美孚火油公司依靠他开的老顺记五金号代销火油。"美孚"资金一度出现短缺,就是通过叶的关系向通商银行取得贷款的。从 1898 年起,通商银行贷给"美孚"的款项曾达到 22.5 万两。又如盛宣怀的妻兄庄得之,曾是德商礼和洋行的买办,礼和洋行与通商银行的借贷关系就是通过庄得之建立起来的。通商银行对外国洋行、银行的拆借,客观上支持了外国洋行、银行对中国的经济掠夺。

　　将大量款项投放给与外商洋行、银行有业务往来的中国商号,这又是通

---

① 《愚斋存稿》,卷五"行述"。

② 许涤新:《中国经济的道路》,第 22 页。

商银行开办初年业务活动的又一特色之一。这些商号大多经营进出口贸易。1907 年通商银行总行对这些商号的放款曾达到总行是年放款的 60％以上。当时,上海的不少钱庄同外国洋行、银行来往密切。这些钱庄利用通商银行的拆款,低息拆进,高利贷出,贷借的对象主要也是这些经营外贸生意的中国商号和行栈,帮助外国洋行到中国内地倾销商品,收购原料。通商银行以大量资金提供给这些商号、钱庄,实际上也是有助于列强对华经济掠夺。

同外国在华洋行、银行有业务往来的,不仅有总行,亦有分行。以天津分行为例,同天津外国洋行、银行来往的就有 8 家之多,如世昌、顺发、怡和、礼和、惠济桥、兴记等洋行。有些洋行借款长期拖欠不还。1899 年顺发洋行一笔借款 31000 两,前后拖了四五年之久,最后竟借口庚子事变业务受损,企图赖帐不还。①

到 19 世纪末,外国在华开设的洋行多达 1100 多个,操纵了中国 60％以上的进出口贸易。通商银行对这些洋行的放款虽然有限,但"其所尽的买办作用,较诸外国在华经营的商行、银行及工厂矿山中直接雇用的买办,不但不会呈现逊色,甚至有凌驾而上的姿态"。"因为中国的银行除了在金融活动上为列强的经济侵略服务之外,更在其附属经营的商业中,为外国商品及在华的外国工厂所出产的商品之推销而努力之,故中国银行所获得的'利息'并不是普通的利息,并不是普通的所谓'资本的价格',而是包含着买办性的手续费在里面的。"②早期通商银行对外商洋行的贷借活动,当然也不例外。

盛宣怀

盛宣怀开办通商银行的一个重要原因,就是要为他所掌控的官僚企业提供资金以及在业务上的融通方便,这在通商银行早期的经营活动中同样得到了证实。

通商银行总行在开办的头三年中,投放给近代企业的款项比重分别是:1897 年为 91.7 万两,占是年放款总额的

---

①　盛档:通商银行总行往查登记(津行公私旧帐存欠清册)(光绪二十七年九月)。

②　许涤新:《中国经济的道路》,第 22 页。

36%；1898 年为 44.8 万两，占是年放款总额的 26%；1899 年为 78.3 万两，占是年放款总额的 45%。这些工业放款对象最直接的是盛宣怀私人资本所控制和经营的企业，即汉阳铁厂、大冶铁矿、萍乡煤矿（后来合组为汉冶萍煤铁矿有限公司）、华盛纺织总厂、又新纺织厂、磁州矿务局、三姓金矿等。盛宣怀对通商银行的营业规定：凡是属于他的资本集团的企业存款一律存储通商银行；通商银行平日放款对象首先也是这些企业，尤其是这些企业一旦发生资金周转困难时，通商银行要特别给予通融，优先照顾。这样的投资贷放，既无风险，又可使自己控制的企业得以维持，盈利又不至落入他人之手。用盛宣怀自己的话说："自家生意自家做也。"①在一次谈到又新纺织厂购花事说："又新购花必须借款，切勿再向外庄借用，应将棉花栈票尽向（通商）银行抵借，既与行章符合，又免外放危险。此事最关紧要，……"②

1897—1900 年通商银行上海总行放款去向概览

金额单位：规银万两

放款余额

年　份	工矿企业	国内商业等	钱庄	外国洋行	外国银行	合计
1897 年	91.7	85.6	32.2	32.2	9.5	254.8
1898 年	133.2	62.8	210.5	76.6		483.1
1899 年	78.3	69.9	1.5	25.6		175.3
1900 年	29	88	4.8	121.2		243
合计	332.2	306.3	252.6	155.6	9.5	1046.1

注：从上表中可以看出：通商银行开办最初放款，工矿企业所占放款总额的 32%，国内商业等占 30%，钱庄占 24%，外国洋行占 14%，外国银行极低。主要投放工矿企业和国内商业及钱庄。外国洋行主要是德、英、美三国洋行，如瑞记、礼和、麦边、元亨、广昌、壳件、怡和、祥茂、祥记，美商美孚火油、公信、茂生、和兴、维罗、长美、密采里、美最时、八巴利、泰来、公昌、广利、会德丰等，有 30 余家。

资料来源：本表依据盛档通商银行资料整理编制

盛宣怀掌控的企业平时有盈利的，如招商局（辛亥革命后年年亏损）、电报局，由于营业颇佳，它们同通商银行的业务往来基本上是有存（款）无借（款）。但也有少数企业常年处于亏损状态，这就需要有资金通融和接济。如华盛纺织总厂在 1899 年向通商银行借款高达 66.8 万两，占该厂资本的83.5%。但其中借款最多的企业是汉阳铁厂、大冶铁矿、萍乡煤矿。盛宣怀

①② 盛档：《盛宣怀致顾润章函》（光绪三十一年七月十四日）。

接办汉阳铁厂后,将铁厂改为商办,但筹集商股并不理想。由于煤矿未成,化铁甚少,所铸钢轨,含磷太多,销路不畅。到 1908 年(光绪三十四年)为止,"除前项(所欠)官款不计外,共已用银 2200 余万两,三分此数,股本居一,负债居二,其失败尤甚于官办之时"。"债台高筑,岌岌不可终日。"①盛宣怀除了挪用招商局、电报局的资金外,只有通过通商银行进行押借。盛档中保存了大量有关汉冶萍公司拖欠通商银行款项的资料。此处不妨摘其一二:

> 庚子年正月初九日,汉口分行林友梅致银行总董函:本年敝行银根不丰,厂、矿(指汉阳铁厂、萍乡煤矿——引者注)两处除路款(指卢汉铁存款——引者注)存项外,实欠 20 万,过年为数更巨。
> 乙巳年七月初六日,顾咏铨致盛宣怀电函:截至光绪甲辰四月底止,汉阳铁厂共结欠通商银行押本九八规元 358446.9 两,结欠押息 80962.8 两。

汉冶萍拖欠通商银行巨款,主要是本身经营的问题,但也同通商银行 1900 年后业务亏损有关系。庚子事变后,通商银行严重亏损,在一定程度上加重了汉冶萍的负债状况。总董们承认:"铁厂押款除股票作抵,欠行三万一千九百余两。因票息八厘,款息九厘,积久遂欠此数。又,股票停息两年,又欠八万余两。"②到 1905 年,仅汉阳铁厂拖欠通商银行款即高达 75 万两。

汉冶萍因借款到期常常不能归还,只好一次次请盛宣怀出面,商请展限时间。盛宣怀多次写信给总董大班:"汉冶萍长期仍望预筹转票为要。"③但长此以往,汉冶萍仍不能按期归款,以致成通商银行最大的呆帐户,给通商银行的经营业务带来不利的影响,造成资金不能顺畅流通,更好地发挥作用,因而引起总董大班的不满。严信厚、谢纶辉(第二任华大班)为此动不动大发牢骚,表示以后不愿再给汉冶萍押款了。"严信厚号信屡云:厂萍往来欠不可巨,期不可久。林(友梅)虽独任其难,恐非久计,应请宪台另筹办法。"④汉冶萍亏空是个无底洞,当然靠通商银行几十万两押款也无济于事。(后来盛宣怀转向日本借款)既然向通商银行借款受阻,那就只好另找门路,

---

① 汪敬虞:《近代中国工业史资料》,上册,第 499—500 页。
② 盛档:《王存善、李钟珏、顾润章致盛宣怀函》(光绪三十一年七月初六日)。
③ 盛档:盛宣怀致谢纶辉函(戊申年正月二十四日)。
④ 盛档:汉阳铁厂电报抄存(己亥年十二月十六日汉厂来电)。

向其他行庄押借。这时盛宣怀又不免心痛起来。"查菊藩经手汉冶萍局所汇各庄长期押款银三十五万，系九月初五、十五、三十到期，按月八厘生息。似此招商局股票抵押万稳万当之款，最好归于银行接做，所谓自家生意自家做也。""如此美满生息让与他人最为可惜。"①希望通商对汉冶萍高抬贵手，继续放款。

为了解决自家矛盾，由盛宣怀出面，与银行协商了一个办法：此后银行与"铁厂往来以二十万两为限，督办、总办立据，以大冶铁矿作押"，"萍乡往来以十五万两为限，督办、总办立据，以萍煤作押"。②界限立了，但汉冶萍拖欠行款的情形并未有所改变。1909 年（宣统元年）通商银行押款单上，汉冶萍仍拖欠行款 24 万两之多，银行与汉冶萍之间的债务纠纷始终未得到解决。直到辛亥年间，盛宣怀还抱怨说："我竭力设法帮助通商，而谢（纶辉）不愿放款与汉冶萍，如将来迁有坏帐，何以对我?"③盛宣怀对汉冶萍的重视不亚于对通商银行的关注。1905 年户部银行成立时，他曾想关闭通商，将通商股本改为萍乡矿股，未得清政府同意而作罢。辛亥革命爆发后，盛宣怀为了保住汉冶萍，防止"历年辛苦股东血本一旦虚掷"，急令通商银行迅"解现洋二十万"，又雇用日本轮船从江宁造币厂运去新币 30 万，说这些"实为萍矿存亡所系"。④可见他对汉冶萍的关心非同一般。

通商银行是按股份有限公司的形式组织起来的，名义上是商办，实际上是奉旨设立的；说是"权归总董"，实际上完全处于盛宣怀的监督控制之下。由于盛宣怀"经招股份居多"，银行由他"一手责成开办"，个人在行存款于 1898 年多达 40 万两以上，因而"掌握（银行）全权"。⑤通商银行的一切大小事务，都由他来决定。

通商银行开办后，盛宣怀常常利用银行资金从事商业投机活动。他先后与人合伙开办华大公司、六合公司，从事粮食、房地产投机买卖，从中牟利。仅举几例。1900 年他在上海、天津开设华大分号，同苏常太道袁树勋一起包办江浙各州县 1902 年（光绪二十八年）的漕粮，兼营米麦贩卖。在通商银行天津分行的押款单上，华大北号是最大户头。押款比任何其他一家公司、庄号要多。华大北号拖欠行款是常有的事。仅 1900 年 6 月，就拖欠

---

① 盛档:《盛宣怀致顾润章函》(光绪三十一年七月十四日)。
② 盛档:盛宣怀致盛我彭、李进之、莫吟舫电存(庚子年二月初七日)。
③ 盛档:盛宣怀致顾咏铨电(宣统三年六月二十日)。
④ 盛档:盛宣怀致杨绶卿、金菊簃、顾咏铨电(宣统三年九月初一日)。
⑤ 盛档:温灏:《整理通商刍言》(民国二年正月初五日)。

行款津平 67321.549 两。1914 年 3 月,六合公司以英册道契 11 纸,计地 39 亩连地面房屋,抵借通商银行九八规元 12 万两,订明常年利息 8 厘。在盛档中,我们看到盛宣怀利用通商银行资金去从事赈灾活动,借此以博取"善人"的称号,以掩盖他贪赎的丑名声。辛亥革命中,他趁局势混乱,浑水摸鱼,大捞特捞,将存于日本正金银行的 39 万筹赈借款全部据为己有。他逃到青岛后,电告日人实相寺,将此款利息 7000 余两汇寄青岛三井洋行,供他使用。币制局存在正金银行的 23 万日元以及存在通商银行的购铜款 90 万元也被他一齐吞没(其中 30 万两被沪军都督府查出没收)。所以当时北京人传说盛宣怀革职时,私将邮传部存款 200 万两拨己名下,股票转存外国银行。①

　　盛宣怀除了将平时侵蚀所得款项存储外国银行外,还把其中的一部分存储通商银行。仅 1909 年 10 月(宣统元年九月)通商银行抄录的"愚记"名下存行收付单上,截至是月底,共结存银 26599.78 两。盛宣怀私人在通商银行的存款曾多达 40 万两以上,他在通商银行的化名存款户头多达 10 余个。他用这些存款套购英镑,从中牟利;用这些存款为家族成员的腐朽生活提供方便。盛家在通商银行开立的"肇和"专用支票簿存根就是这个丑恶生活的记录簿,上面的内容项目,从大小老婆(包括父亲盛康的两个小老婆)每月花销到为妓女购买衣料,从太太、小姐的钻石戒指到儿子的出国留学经费,捐官的款项,真是五花八门,应有尽有。盛毓常的"知府"头衔就是花数千两银子买的。1906 年盛宣怀的侄儿盛文颐捐买"通判",因银款一时不足,是盛宣怀指示顾咏铨向通商银行押借的,讲明"系捐款不可迟"。②

　　通商银行开办初年,经营状况不错,但好景不长,自 1900 年(光绪二十六年)后连年亏损,几乎到了收盘歇业的地步。通商银行的经营进入了一个极为艰难的时期。

第五节　盛宣怀银行计划的受挫与通商银行的艰难运营

　　盛宣怀原先的银行计划远景极富诗意,也许它就是一种梦想。然而开办未及四年,他的梦想就逐渐破灭了,收支由盈余变成了严重亏空,分行的

---

① 《民声日报》,1912 年 2 月 22 日汉冶萍合资公揭。
② 盛档:盛宣怀致顾咏铨电(光绪三十二年八月十一日)。

扩张变成了收缩,股息由 8 厘减至 6 厘,直至停发。在盛宣怀任督办期间,通商银行的亏损情况一直未能扭转过来。

1900 年庚子事变期间,北京分行"先被拳'匪'(指义和团)和清军抢劫,继以洋兵蹂躏"。存行银钞被一抢而光,所有帐册荡然无存。天津分行同时被迫关闭歇业,帐册散失,一团紊乱,大班梁景和与洋大班哈罗而特南逃上海,而梁氏病死沪上。由于战乱,京津两分行所放拆款无法收回,而存户持票向银行索讨不已。总行在清理天津分行帐册时,发现梁氏私自挪用行款,致使京津两分行亏空高达 70 多万两。①而北京分行亏损中,又以荣禄武卫中军饷款为多,计有 31 万两。这些饷款大多在事变前贷放给商号,因此无法收回,因系军饷,荣禄催讨甚急。继京津两分行发生严重亏空后,1904 年又发生镇江分行大班尹稚山亏空镇江海关官款 41 万两。②京津镇三分行亏空数合计高达 105.5 万两,这个数目几乎占了通商银行股本的一半,如果加上其他分行的小额亏空,亏空总额高达 112.3 万两。同年,还发生日本人伪造通商银行钞票而引起的挤兑风潮,银行蒙受巨大损失,"几致不支"③,面临收盘歇业、宣告清理的境地。

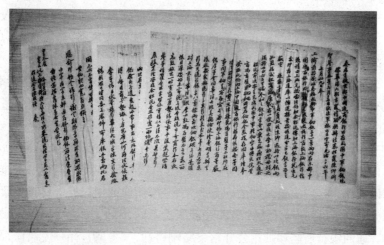

光绪二十七年(1901 年)七月,军机大臣荣禄催提存储
中国通商银行北京分行款项一事,盛宣怀复奏

---

① 盛档:陈淦致盛宣怀函(光绪二十七年九月十五日)。
② 盛档:银行总董致盛宣怀函(光绪三十年七月)。
③ 盛档:《盛宣怀致周馥函》(光绪三十二年十二月初二日)。

1906 年前后通商银行亏空事件简表

亏空事件名称	事件发生时间	亏空数目 （金额单位：万两）	备　注
北京分行因义和团运动和八国联军入侵被抢毁损失	1900 年 8、9 月	46.5	
北京分行大班钱荫堂伙友携款逃跑事件	1906 年	1.8	
天津分行大班梁景和亏久行款事件	1902 年	31	香港上控诉讼费7 万不计在内
镇江分行大班尹稚山亏空事件	1903 年	21	
上海总行客户韩祝山亏款事件	1902 年	1	后大部分追回
广州分行周石甫亏款事件	1902 年	2	后大部分追回
香港利丰石河亏款事件	1904 年	2	后追回一部分
合　　计	总行共亏空（连诉讼费）计112.3 万两		

资料来源：本表依据盛档通商银行资料编制

为了挽救危局，减少行亏，盛宣怀采取了以下几项急救措施：

一、对于天津分行大班梁景和私挪亏欠行款，总行向梁的担保人梁绍刚提出索赔。由于梁绍刚远在香港，并已加入加拿大国籍，盛宣怀便向香港地方法院提起诉讼。（以下简称"梁案"）

二、对于镇江分行尹稚山亏挪行款，请两江总督周馥、江苏巡抚端方、江宁布政使黄建莞协助，查抄尹氏家产，发行彩票，进行拍卖，争取尽量减少镇江分行亏空。（以下简称"尹案"）

三、派人前赴京津地区，访查追讨旧帐，督饬京津两分行有关人员追收放款。

以上三项措施收效并不明显。梁案上控，因外国律师上下其手，香港地方法院以担保人合同上梁景和的职务为"大班"，而通商银行控告材料上梁景和的职务则写为"经理"，认为大班和经理职责不同，因此，判决与担保人梁绍刚无涉。通商银行所聘律师竟公开帮梁绍刚讲话，气得盛宣怀一度改派福开森前往香港交涉，亦无结果。总行不服判决，香港上诉，非但旧欠一无所得，而且徒添诉讼费 6 万多两。官司后来一直打到伦敦皇家最高法院，1909 年（宣统元年）盛宣怀曾写信给驻英公使李经方，托其运动英国政要，对梁案重新作出判决。后因辛亥革命爆发，盛宣怀出逃日本，结果伦敦上控亦不了了之。

镇江尹案。镇江分行开设于 1897 年秋，董事尹德坤，大班梅桐村。尹德坤虽为董事，但向不理事，分行事务主要由其侄尹稚山经理。该行从开办之日起,经营就不正常,按照总行与镇江分行所订合同规定,分行帐目须按月册报总行,但镇江分行开办头几个月就未做到,以后也一直如此。按合同规定,分行董事、大班不得挪用行款做个人生意。尹稚山却私刻银行图记,向镇江关道挪借巨款开设钱铺和从事油、粮、盐等贩卖活动。在业务上,随意将行款存放庄号、米栈、洋行。分行开办第一年,竟将 6 万两行款存放源同、晋源钱号,且无期限,"计六个月不过沾润 480 两,实属利轻害重,与原订合同相违背"。天津分行梁景和严重亏空事件发生后,引起总行对其他分行经营的关注。鉴于镇江分行长期报帐不正常,所报帐目与总行不能合拢,对于该分行尤为关注。1904 年 1 月,总行电令尹稚山"速带银行存欠往来细帐来沪面谈",尹稚山借口事务繁忙,不克分身,拒绝前来。同年 10 月,尹稚山病故。镇江关道致函通商银行总行,说镇江分行亏欠关款 41 万两,要求总行代为归还。总行得报,大为震惊,立即派人前往镇江查帐,发现尹氏私刻通商银行图记挪借镇江关款,经过查核,尹氏共亏欠镇江关款及挪用行款高达 64.5 万两,这是继天津分行亏空之后又一严重的亏空事件。为了填还镇江关款,减少行亏,盛宣怀和总董决定"勒令其家属归还","查抄尹氏家产,开彩票易银,藉抵亏空"。盛宣怀首先派出赵涞彦、魏诗全、丁汉云等一班人前往丹徒、江都、扬州、如皋等地,将尹氏家产全部查封,同时分别致函或打电报给两江总督端方、继任总督周馥、江宁布政使黄建莞及江都、如皋县令,声称"本行系奉旨开办,存有官款,与寻常商家银行不同",责成他们协助追赃。端方、周馥、黄建莞等平日与盛氏关系密切,对盛氏的请求,自然协助。于是在他们支持和有关府县协助下,对尹氏家产逐一查抄。先后将尹稚山的妻妾、兄弟、管家、管帐以及与尹家财产有牵连的店铺、典号主顾等十多人进行关押逼供,进行"严讯""刑讯""会审""对审""加重刑",为了追回欠款,不惜使用暴行,令人发指。有些人完全是无辜的,如镇江乾元豫号会计董云卿因为不肯讲出尹稚山在该号的股份,先是被丹徒县扣押,后又被押到上海,前后被折磨了数月之久,"腿脚浮肿,人事不省",只因上海钱庄同人对通商银行这种做法表示不满,通商才将之放回,董氏回家不久就死了。又如扬州钱小衡因帮助尹稚山的妻子尹胡氏隐藏了一小部分财产,而被江都县扣押,遭到严刑拷打,最后惨死狱中。扬州绅士王端甫、郑斗南、郑雅南因为帮尹胡氏说了几句公道话,被指为是尹胡氏的后台,遭到江都县的通缉追捕。在这次追讨封查尹氏财产中,先后有 4 人被逼死。有些地方官对盛宣怀和通商银行追款的做法颇不赞同,江都县令朱枚因为"审讯"不力,被盛宣怀的手下说成"可怜可恨"。1904 年 12 月,如皋县查封的尹氏财产被盗,端方与通州牧责令如皋知县胡某必须于 10 日内破案,否则"撤职查办",胡某一时竟被吓昏,表示甘愿"垫赔代缴",这才免去一场大祸。经过前后半年多的抄查追讨,尹氏已是"家破人亡","家产净尽",看到实在无可再追,通商银行这才"歇手"。1905 年 7 月,通商银行举办公益堂彩票,将追来的尹产"开彩易银",结果共得银 23 万两,其中通商银行自己认购彩票 4 万多两。全部用来抵还镇江关款,尚欠 18 万两。最后通过两江总督周馥,议定援照宜昌关成案,由通商银行代尹稚山赔缴 6.6 万两,下余 11 万多两由镇江关分 11 年摊还,每年 1 万两。至此,镇江关官款填还才基本了结。但尹稚山挪欠亏空行款 10 多万两,银行分文无着。总计,因镇江分行,通商银行共亏赔银 21 万多两。

至于京津地区追讨旧逋,先是派总行司员魏官柱、宋汉章前往清理,并严行督饬津行大班冯商盘抓紧追收欠款。无奈津行事搁多年,战乱之后,不少欠户不是歇业,就是破产,或是移往他地,难觅下落,收款无从着手。买办冯商盘是"坐而不动",他"经手所放欠款",嘴上一口应承"一手了结",实际上是推诿敷衍,始终未追。京行追欠,也是收数甚少,亏空依旧。盛宣怀气愤地说:"至天津欠帐七十余万,本大臣派人访查,并非不能讨还,实因冯商盘等不肯为我出力,以致愈拖愈欠。"[1]"第复元尚须时日。"截至 1905 年(光绪三十一年)通商银行虚本数为:京津两分行欠款除部分收回外,尚亏 70 万两左右,镇江欠款连摊还道库,亏赔 22 万两左右,合计共亏空 90 多万两。扣除北京分行洋房、天津贻来牟机器磨面厂等可收回的 10 多万两外,尚亏 80 多万两。由于通商银行开办未久,公积无多,到 1904 年才有 53 万两,即使用来全部冲抵亏空,也还不够。且自是年起,因营业不佳,帐面连续出现亏短,旧存公积有减无增。是年总行"下半年结帐亏短七万余两之多,公积三十一万止剩二十三万余两"。[2]亏空如此之巨,营业又是不佳,存款、放款均大幅度下滑。存款 1899 年为 397 万两,1904 年下降为 189 万两;放款 1899 年为 582 万两,1904 年下降为 261 万两。正好户部开办银行,这对通商银行不啻"雪上加霜",是一个不小的打击。填补亏空更是遥遥无期。盛宣怀似乎感觉到通商银行的存在已无足轻重,无存在的必要。当时有人提议将通商银行并入户部银行,但他又心有不甘,没有同意。借口银行现有亏损,若"合办,亏空部未必认,以后所得须与部分",借口"国家银行重在通行国币,所有银、铜、纸币权利应归国家,未便与商家合办"[3]。也有人提议不若将通商银行改为"中

---

① 盛档:《盛宣怀札李钟珏、王存善、顾润章等文(光绪三十一年八月初十日前)。

② 盛档:《李钟珏、王存善、顾润章致盛宣怀函》(光绪三十一年八月初十日到)。

③ 盛档:盛宣怀致温灏电(光绪三十一年十一月二十三日)。

国通商兴业银行"，专做国际汇兑，"为农工界代筹其资金"①，但也非盛宣怀所愿。考虑到汉冶萍开办困难重重，盛宣怀打算关闭通商银行，将通商股本改作萍乡煤矿商股，解决汉冶萍的经营问题，但最后未获得清政府的批准。

为了让通商银行支撑下去，盛宣怀不得不放弃原先的银行计划，对现有通商银行的组织进行一次大手术，进行大规模收缩。

一、裁撤分行。通商银行开办后，除了京、津、镇三分行遭到严重亏损外，其余分行也大都盈利无多，仅举以下分行为例，说明之：

烟台分行"该处自遭兵燹之后，银根奇紧异常，……通盘筹度，沾润毫无，频年比较平平"，以后"幸东海关长年交沪赔款，行中得以全数揽解，稍资捏注"。②1904 年下半年，烟台分行收支两抵，净余估银九八规元 1311.03两。因此，总董公议："以十万金（指总行拨存资本金——引者注）之风险，博千余金之盈余，殊不值得。"③决定关闭该分行。

重庆分行初办时，"一年之中除开销缴用而外，约计盈余数千金"。④

福州分行开办已久，毫无利益，总行赔贴官利虚费、行用，亏银至 5480两之多，"总行为该行支销甚巨"。⑤

汕头分行"自开办以来，检查历届收支帐略，均属亏折"。⑥"现查往来帐，……净欠五万二千五百两。"⑦

香港分行，"据华、洋大班查出历年盈余帐目计算，总行不惟无盈余可得，并且历年赔贴九千余两；加以往来吃亏一厘之息，更在数万两以上"。⑧港行"从前亏息，盈余不敷，所赔约两三万两"。"且香港市面不佳，诚恐利少害多，不能不以天津、镇江前车之鉴，自仍以收歇为是。"⑨

镇江分行即使不发生亏空事件，日常也是盈利无多，开支浩繁。"庚、辛、壬三载共获余利 7000 余两"⑩，而"丁酉八月至壬寅底行用共付银34449 两"。

---

① 盛档：《刘冕拟中国通商兴业银行章程》（宣统二年十一月二十日）。
② 盛档：《万涌基致盛宣怀函》（光绪三十年十二月二十九日）。
③ 盛档：《银行总董会议纪录》（光绪三十二年二月十三日）。
④ 盛档：《包良基致盛宣怀函》（光绪二十六年十二月三十日到）。
⑤ 盛档：《中国通商银行公信录》（光绪二十六年十二月初一日）。
⑥ 盛档：《银行总董会议纪录》（光绪二十六年杏月二十九日）。
⑦ 盛档：《陈淦致盛宣怀函》（光绪二十六年五月二十六日）。
⑧ 盛档：《李钟珏、王存善、顾润章致盛宣怀函》（光绪三十一年四月十七日）。
⑨ 盛档：严信厚等致盛宣怀函（光绪三十一年五月十七日）。
⑩ 盛档：尹德坤致盛宣怀函（光绪二十九年闰五月二十七日）。

总之,自开办以来,各分行不但盈利很少,而且每年总行须支付分行开支银数万两。

1899 年通商银行各分行年开支合计简表

单位:两

支出项目名称	支出银数	支出项目名称	支出银数
房租	16000	洋大班薪水	26400
办公经费	38000	合计	80400

注:香港、北京、天津、汉口、广州分行每月办公经费为 300 两。镇江、重庆、烟台、福州等分行每月办公费为 200 两。各分行的开办费计 3200 两,则不在日常开支内。

资料来源:本表依据盛档通商银行资料编制

从 1903 年起,银行所存部款开始奉旨提还,总行不得不将存于各分行的资金全部收回,而专做总行生意。因此,决定裁撤分行。截至 1905 年,通商银行除总行外,只保留了北京、汉口两分行和烟台一支行,其余分行全行裁撤。

1905 年 6 月底前通商银行总行和八处分行营业存欠简表

金额单位:九八规银两

存		欠	
项目	款数	项目	款数
通用旧钞票	87337.2	客户往来欠	90010.44
通用新钞票	479520	押款拆票	4361096.94
沪宁铁路存款往来存款	2596897.49	北京老分行天津老分行	465532.09 58496.01
户部存款	400000	烟台分行	72671.11
长短期存款	62755.4	镇江分行	216669.91
客户存款	344834.56	重庆分行	5863.15
购进英洋	198750	福州分行	23180
天津新分行存款	73232.13	汉口分行	149825.06
历届盈余转为公积数	231111.3		
总行盈余	19874.08		

注:存欠两抵,总行几无盈余。

资料来源:本表依据盛档通商银行资料整理编制

二、减息。1900 年(光绪二十六年)、1901 年(光绪二十七年)通商银行因无盈余,两年停发股息。为了填补亏空,又决定从1905年(光绪三十一年)起,每股股息从8厘减至6厘。银行总董在致盛宣怀函中说:"本行并计虚本实利总在百万两以内,若再虚撑门面,其何以支?! 可否自本年起减作官息六厘,如宪意允行,再行刊登告白,即以镇江关款为词,每年减官息2厘,5年为期,计可有25万两,除弥补道库外,即本行所赔之钱亦可收回,总算银行并未亏空矣。"

对于减股息,当时"外间疑义滋多",议论纷纭,有人闹着退股。其实闹退股的事自通商开办的那一天起就始终未停止过。1901年6月,前新疆补用直隶州、前叶城县知县王俊就要求退还五福堂股本银5000两。为了清除股东的疑虑,总行特发表了《告股东书》,声称一俟"亏款全部清弥,股票亦涨至原价",再恢复股息至8厘。说是减息,但自1900年、1901年连续两年干脆未发股息,弄得香港、湖北等地股东联名来函,责问总行股息到哪里去了。总行遂以庚子事变、京津分行被抢亏损、总行无盈余搪责过去。减息原来说是5年,可是后来一下子变成十多年,直到盛宣怀去世前的1914年,通商银行的每股股息还是6厘。

三、增发钞票。"以钞票之盈余,还虚本实利之亏款。"1904年由英国钞票公司重新定制新钞435万元(合银322万两)。到是年底,共发行钞票670万元,银元券50万元。[①]此后钞票发行量逐年增加,以1905年6、7、8三个月为例,6月发行的钞票为566857.2元,到7月份就增加到788337.2元,到8月份即增至855549.1元。到1907年,发行钞票已达231万两,是资本总额的92%。从1905年到1911年(宣统三年)的七年中,通商银行总共发行钞票870万元,其中没有准备的部分每年平均为140万两,按照当时贷款最低息率8厘起算,通商银行所获利润至少多达80万两左右。

四、裁撤洋帐房,省用洋人,搏节经费。通商银行成立后,总行和分行年开支在20万两左右。[②]

1905年通商银行上海总行洋帐房开支简表

单位:九八规银两

项目名称	支出款数	项目名称	支出款数
大班美德伦年薪	12000	小写里末特年薪	3300
美德伦家属房租	6000	帮写郭云侯年薪	900
大写马歇尔年薪	3600	帮写黄景川年薪	900

---

① 杜月笙:《五十年来之中国通商银行》(中国通商银行成立五十周年纪念册)。

② 盛档:通商银行各项计年开支清单(光绪二十三年六月)。

（续表）

项目名称	支出款数	项目名称	支出款数
帮写严成德年薪	480	津贴	250
巡捕捐	600	灯油费	600
笔墨纸张费	600		
信资帐簿电报费	400	合计	29630

注：根据通商银行与美德伦所订合同，美德伦的房租不在合同规定的范围内。这是总行洋帐房开支，若加上京、津、港三分行洋大班的开支费用，每年至少在 5.5 万两左右。

资料来源：本表依据盛档通商银行资料编制

当时华员薪水低微，洋人开支较巨。香港分行大班拉打（又评赍德）年薪水为银 12000 两，北京分行洋大班厚士敦年薪为银 6000 两，天津分行洋大班哈罗而特年薪为银 6000 两。这些分行洋大班的年薪几乎是一般分行每月开支的 3 至 5 倍。在银行的总开支中，总行每年开支约在 6 至 7 万两，其中洋帐房的开支即占一半。仅美德伦一人年开支就达 18000 两（其中年薪 12000 两，房租 6000 两）。这笔开支是华大班陈淦年薪的 15 倍。银行开办之初，就有许多人认为中国银行似不必设立洋帐房，而后来银行同外国洋行、银行业务往来确实并不多，且董事股东亦不谙洋文。总董们承认"若股东来行查帐诘问，费此重赀何用，董事等实无词以对"。①要节省开支，必须裁撤洋帐房，省用洋人。盛宣怀接受总董华大班的意见，决定从 1905 年起裁撤总行洋帐房，"至行中长年用费，必须实力撙节，洋人薪水太巨，只可并用一二人以作面子"。②又规定："嗣后动支公款凡在百金以上者，必须责成执事等会商签定或禀明本大臣核夺，方可开支。"③

尽管采取了以上弥亏办法和营业规模收缩方针，无如通商银行的业务并无多大起色，拆息有限，押款无多，钞票初行，尚未见获利。当时通商银行钞票信用和钱庄票号的银钱票、私贴相差无几。自户部银行、交通银行成立后，金融活动面貌又为之一变。户部银行"赋以代理国家发行纸币并代理国库的权限"，总揽金融，推行币制，俨然如一国家银行。交通银行则以"管握轮、路、电、邮四政，收回利权为主旨"。除普通银行业务外，并经理各种官款，也发行钞票。户、交两行均"挟国库藩库之力，资财雄厚"，不特通商银行

① 盛档：《李钟珏、王存善、顾润章致盛宣怀函》（光绪三十一年九月十二日）。

② 盛档：《盛宣怀致李钟珏、王存善、顾润章函》（光绪三十一年八月二十日）。

③ 盛档：《盛宣怀致顾润章、王存善、李钟珏等函》（光绪三十一年七月二十五日）。

往昔所持特权分割而尽,且日常生意也被大部分去。1907 年(光绪三十三年)之后,各地股份银行陆续设立,到辛亥革命前夕已达 10 多家,通商银行原有业务又被揽去多半,业务受到严重影响。"如此年复一年,即减至六厘,而虚本未能补完。大局所关,董事等不胜焦急。"①到 1909 年 6 月,通商银行亏空仍有 20 多万两。7—12 月,即第 25 届帐略,收付两抵,尚欠 26679.07两。宣统年间,北京分行除了办理捐输与零星汇兑外,几无他事可做,不得不将分行裁去改由宝兴隆金店袁宝三代理。

　　五、积极争存铁路外债借款。还在 1905 年户部银行成立不久,总董王存善(子展)就写信给盛宣怀,指出"以后(铁路)总公司与银行交往最为紧要",认为通商银行的业务若不靠存放铁路外债借款实难维持。希望盛宣怀能从铁路总公司外债借款中多拨存一些存在通商银行。盛宣怀最终同意了这一建议。1895—1911 年,清政府向列强所借铁路债款约 5.5 亿元,其中由盛宣怀经手和参与接洽的,占 67%。盛在经办借款活动中,除捞取大量回扣佣金中饱私囊外,同时又争取到一部分铁路外债借款拨存通商银行。从1897 年 8 月,铁路总公司在通商银行开户存银起,到 1911 年经付沪宁、沪杭甬等铁路借款利息 73 万两为止,兴筑铁路的部分款项一直由通商银行收付,从未间断过。自 1905 年起,一部分铁路外债借款直接由通商银行收存后,成为通商银行的主要存款来源之一。根据通商银行帐册记载,京汉、粤汉、汴洛、正太、沪宁、沪杭甬等几条铁路的兴筑费用的收支拨解都有一部分由通商银行办理,其中以沪宁铁路款项进出最大。通商银行在 1905 年争取到 26 万镑存款,因此,沪宁铁路在通商银行存款年底高达 254 万两,占是年全行存款的三分之一。盛宣怀与美国合兴公司订立的粤汉铁路借款合同中也明确规定:"银钱往来在中国境内,由中国通商银行经理。"此外,盛宣怀还利用他担任邮传部尚书的职权,为通商银行争取国家存款。1911 年 3 月,清政府向日本正金银行借得整顿铁路款 1000 万日元,盛宣怀便将其中一部分拨存通商银行。邮传部在通商银行的存款最多时达到 248 万两。所以,总董们说:"银行近年进出不过三五十万,自宫保照约存路款两宗后,骤添二百余万,其救银行者不浅。"②"盈余铁路存款,以两年计之,格外少算,约计15 万两。"③通商银行因为有铁路外债借款存款,使银行存款大增,通过向钱

---

① 　盛档:《李钟珏、王存善、顾润章致盛宣怀函》(光绪三十一年八月初十日)。
② 　盛档:《王存善、李钟珏、顾润章致盛宣怀函》(光绪三十一年七月初六日)。
③ 　盛档:李钟珏、王存善等致盛宣怀函(光绪三十一年七月)。

庄拆放,从中获利。以 1905 年 6、7、8 月为例,三个月的存款、拆放款比较,银行获利不少。

1905 年 6、7、8 月通商银行存、拆款数及盈利数

单位:两

月份	各户往来存款	押款拆票	总结盈余数
6 月	2603237.45	4361096.94	250985.74
7 月	255281.82	4224099.63	257985.00
8 月	2423183.40	4079540.55	259041.48

资料来源:本表依据盛档通商银行资料编制

尽管采取多种措施弥补行亏,维持银行营运,但总是运气不佳。直到辛亥革命前一年,银行亏损也未弥补完。

1910 年 2 月通商银行股本亏存简表

单位:九八规银两

存		欠	
总行公积	746546.49	京津老帐	529974
天津贻来牟机器磨面厂	20000	梁景和私帐	100000
天津分行洋房	30000	"梁案"香港诉讼费	65189.98
京津老帐收银	20000	镇江分行	325768.73
已出帐镇江关道署分年官款	60000	广州分行	8929.21
		北京分行	44105.54
		(新)天津分行	10450.33
		重庆分行	5863.15
合计	876546.49	合计	1090280.94

注:存亏两抵,总行尚欠股银 148509.47 两。

资料来源:本表依据盛档通商银行资料编制

自庚子事变后,因为严重亏损,盛宣怀对通商银行的经营也早已心灰意冷,不再有信心。1902 年 6 月 16 日(光绪二十八年五月十一日),在致总董

的函中，他写道："历年以来总行调度不得要领，各分行生意不能扩充，间有盈余亦甚微薄，脉络不贯，汇划不多，存款不旺。拳'匪'事起，京津两行帐目纠葛至今未了，日久因循，不第隳从前缔造之功，并且绝后来赓续之路，言之可为寒心。"1909 年，他在给总董的另一封函中，以十分凄楚的心情说了下面一段话："本督办奉旨招股选董承办此举，原欲为中国开利源，不料迭遭患难，致亏巨本，始愿难偿。"①承认他的银行计划失败了。

第六节　盛宣怀银行计划受挫原因分析

通商银行"致亏巨本"，"推行不广，尚无大效"，"几致不支"，盛宣怀开办银行"始愿难偿"，"言之可为寒心"，原因是多方面的。

首先，通商银行的经营发展缺少良好的生成环境，当时中国是一个半殖民地程度很深的国家，国际金融资本垄断中国的金融市场，不仅中国的政治经济为其操纵，就是金融亦为其所控制。作为国人自办的第一家商业银行——中国通商银行，如同金融大海上的一叶小舟，实际处于外资银行巨舰的夹击之中，根本无法发展。通商银行开办于 1897 年，从这时候到 1914 年第一次世界大战爆发前，正是世界资本主义最繁荣的时期，也是西方列强对中国经济侵略最为狂烈的时期。在这一时期，通商口岸增至 100 多处，而新增加的口岸多在内地城镇。国际贸易由 31499 万两增加到 84379 万两，并且由于势力范围的划分，外人可以在华开设工厂、开矿、修筑铁路，取得从贸易、交通、生产到金融等各个领域的支配权。根据雷麦《外人在华投资》一书统计，甲午战后列强在华投资情况是：1901 年政治投资为 24820 万美元，间接工业投资为 3650 万美元，直接工业投资为 108450 万美元；1913 年政治投资为 63850 万美元，间接工业投资为 19550 万美元，直接工业投资为 108450 万美元。这种巨额投资，十之八九都是通过外国在华银（洋）行来实现的。"各国在华银行家的意见，实际上就成为各国政治家的意见。他们是中国经济的太上皇，他们是中国政治的幕后操纵者。"②外国银行的存在，是中国半殖民地的象征。

各国在华银行由于承办中国政府的借款，掌控中国的关税，发行货币，决定外汇市价，操纵中国的旧式金融机构钱庄、票号，凭着政治、军事的优势

---

① 盛档：《盛宣怀致中国通商银行董事、大班函》（宣统元年闰二月十二日）。

② 许涤新：《中国经济的道路》，第 13 页。

以及从不平等条约所取得的特权,在中国树立了牢不可破的势力。它们的魔爪角触已经遍及中国的大小城镇和乡村。"汇丰银行执中国金融界底牛耳","是一切在华银行底领袖","华商多存款于该行,仿佛成为中国底中央银行"。①日本横滨正金银行"操纵中国东三省金融之权,虽道胜银行不能与之争势力也。该行发行纸币,犹猖獗于我国内地,而亦于东三省各地为甚"。②华俄道胜银行"名虽曰银行,实则是以经营百般事业之一有限公司,至其发行纸币亦流通于北部各地。其资本之宏大,可称为在华外国银行之巨擘"。③德华银行"是一个很有力的组合",它"包括了所有的德国大公司行号,同时还得到德国政府的信任与支持"。④至于中法实业银行,"其资本之充足,规模之宏大,亦中国银行中大敌之一"。⑤在外国银行操控中国金融的情况下,中国银行业要想有所发展,是何等为难! 在 1905 年户部银行成立前,中国人自己的银行只此通商一家,且资本区区,尚不及外国在华银行的一个分行。正如盛宣怀自己承认的那样,通商银行"盖由仿办于各国银行在华开设之后,如汇丰之设已三十余年,气势既胜,根柢已深,不特洋商款项往来网罗都尽,中行决不能分其杯羹,即华商大宗贸易亦与西行相交日久,信之素深。中国银行新造之局,势力未充,非可粉饰铺张,骤与西人争胜"。⑥以通商银行存款与同时期汇丰银行存款相比较,可以作一说明:1897 年通商银行存款为 161 万两,1898 年为 167 万两,1910 年存款不详,而同期汇丰银行的存款分别为 12000 万两、13000 万两和 26000 万两,真是小巫见大巫,通商存款尚不及其存款零头,根本无法相比,更毋庸说"挽回外滥之权"了!

通商银行筹议时,英、俄、比等列强曾阻挠其开办。通商银行成立后,列强从来对它没有什么好感,"通商银行实为人(指列强——引者注)所妒忌,如别家银行有与中国交易者,嫉忌尤深"⑦,千方百计地对它进行排斥,企图搞垮它、吞并它。

通商银行成立的第二年,英商福公司向清政府提出由它代中国筹办中国官银行,银行称大清银行,以 50 年为限,资本 1000 万镑,其中 600 万镑为华股,每年纯利中支付 8 厘股息,剩下的百分之三十归中国,百分之七十归

---

① 钱亦石:《中国近代经济史》,第 285、288 页。
② 周葆銮:《中华银行史》,第七章。
③ 周葆銮:《中华银行史》,第四章。
④ 欧弗莱区:《列强对华财政控制》,第 39 页。
⑤ 周葆銮:《中华银行史》,第二章。
⑥ 盛档:《筹办中国通商银行次第开设情形折》(光绪二十四年五月)。
⑦ 盛档:《厚士敦致盛宣怀函》(光绪二十六年九月十六日)。

银行。由于通商银行开办伊始，而当时社会舆论正提倡争国权挽外溢之利，所以清政府没有同意这个要求。英商福公司的阴谋未能得逞。

大清银行三周年纪念照

直接明目张胆地企图夺取通商银行的是法国和奥地利。这两国的驻华外交人员竟公开地向清政府和盛宣怀本人提出合并通商银行的无理要求。1904 年 1 月 21 日（光绪二十九年十二月初五日），法国驻沪领事向盛宣怀提出："请将通商银行归并法国银行合办。""现法银行有人来华，仍请与法先商，且巴黎银行最盛，如合办，必有益。"①盛宣怀只得"告以中国商务极大，近来各国到此添设银行不少，中国是一主人，仅一通商银行，论面子亦不能少"为理由，表示"势难合并办理"。②法领使去后，奥地利代表继至。同年 2 月，奥地利政府派卜宜德大携带拟订好的合并通商银行章程草稿来华，找到通商银行，说："目下中国通商银行一如人患痼疾。奥商既有四百万资本，不啻精壮之人"，"华、奥合办有此成规，便觉易于措手"。③企图趁庚子事变后通商银行的困境，一举吞并它。又借口"英、俄、德、法上海均有银行，惟奥独无。而英、俄、法等国均与中国曾有事故，惟奥国素与中国亲睦，并无龃龉之

①　《愚斋存稿》，卷六十一，第 20 页；卷六十二，第 23 页。
②　《愚斋存稿》，卷六十二，第 23 页。
③　盛档：《满德致盛宣怀函》（光绪二十九年十二月初七日）。

事。他国均设银行，奥国未便使之向隅。华奥银行系商家创成之局，俾令华、奥两国振兴商务、交际各事益加便易"。①花言巧语，企图使通商银行能同意他的要求。奥地利合并章程中有几点值得注意：通商银行名字可以照旧保留，但总行须设在维也纳和上海；原通商银行"一千八百九十六年十一月十二日所奉上谕颁给之利益，仍留存与新通商银行享受"，"新银行可接管旧银行之支庄，或将之停歇，或从新开设"。②新银行"专与华人往来交易"，"如遇有中国国家借款各事务，须尽力为之"。③由此可见，奥地利合并通商银行旨在扩张奥国金融资本，夺取中国种种利益，所谓合并就是吞并。"行中大权既在外人掌握，则营业便利，自以外商较占优势，以我国资本，受外人之节制，间接即补助在沪之外商金融界之发展，是不啻为虎作伥，则谓中外合办银行为辅助外人经济侵略武器之一部亦无不可。"④盛宣怀既不愿放弃个人的势力地盘，更不愿受制于外人；既拒法，当然不会同意奥地利了。他以"合办银行一节，本大臣极所乐闻。……然有此见解，而无此权力"，加以拒绝。⑤

庚子年间，八国联军镇压义和团，发动侵华战争，使中国人民生命财产遭到惨重损失，通商银行遭到了破坏。八国联军占领京津期间，天津分行被迫歇业，北京分行被抢被毁，意大利借扩充使馆，趁机武力圈占北京分行房屋，致使事后北京分行无法复业，只得另行择地开设，营业大受影响。由于北京分行一时无法恢复经营，致使庚子议和期间，北京与各地的往来汇兑全由汇丰、道胜把持。通商银行天津分行决定恢复京津地区汇兑业务，英国驻津领事借口"现在和议未定，通商银行究系中国局面，不便先行悬牌开市"⑥，竟不准通商恢复营业。

为了搞垮通商银行，扰乱中国的金融秩序，1903年日本歹徒竟然伪造通商银行钞票，致使发生通商钞票遭人挤兑风潮，银行信誉受到严重影响。根据上海市人民银行资料室保存的通商银行总董会议记录等档案资料记载，事件的真相是：1902年12月（光绪二十八年十一月）某日，日本大阪人山下忠太郎、管野原之助、上田元七、中井义之助等人合谋伪造通商银行钞票10元、5元两种。由于上田素与华商有来往，熟悉中国商情，于是便派上

---

①③ 盛档：《满德致盛宣怀函》，[附件]《奥国拟合办通商银行大略章程》。

② 盛档：《孙善言致盛宣怀函》，[附件]《奥员草拟合办通商银行合同稿》（光绪三十年三月十九日到）。

④ 杨荫溥：《上海金融组织概要》，第220页。

⑤ 盛档：《盛宣怀复奥地利商务参赞官凯函》（光绪二十九年十二月前）。

⑥ 盛档：《严潆、陈淦致盛宣怀函》（光绪二十七年四月十二日）。

田等携带大批 10 元通商伪钞来沪。1903 年 2 月 4 日(光绪二十九年正月初七日),通商银行在营业时便发现了这种伪钞,引起通商银行的警惕。消息传出后,市场人心大乱,次日全市钱庄一致拒收通商钞票,持有通商钞票者更为恐慌,于是蜂拥至外滩通商银行总行营业部要求兑现。由于当时库存现银准备不足,不得已,只好以金条、银条作抵,向汇丰银行暂借 70 万元,方才保证了兑换。2 月 6 日,上田派一名日本人手持通商假钞到汇丰银行兑换,被当场扭获。在日本,管野等一伙则将伪造的 5 元钞票在神户秘密转售,不久也被人发觉,由当局探知,并抄出全部未脱手之伪钞以及制作伪钞的机器、原版用纸等物。山下等一伙伪造通商钞票事件发生后,盛宣怀呈报清政府,要求同日本提起交涉。清政府向日本驻沪领事小田切万寿之助提出抗议,要求引渡罪犯,赔偿通商银行损失。日本政府以"伪造他国钞票,日本法律无专条"为借口,加以无理拒绝。由于清政府的软弱无能,对日屈膝退让,此事最终不了了之。经由这次挤兑风潮,通商银行业务蒙受巨大损失。"自是通商银行之钞票,用者益滋惧。"①1904 年通商银行重新印制 5元、10 元、50 元新钞三种,旧有钞票收回,续发新钞 150 万元,新钞加印"财神"字样。从 1905 年 2 月 15 日起,又在所发钞票上刊加时日,西历刊于正面,中历刊于背面,另加签洋大班美德伦的英文名字。

通商银行开办后,外国在华银行在业务上也对之进行歧视排斥。如银钱收解时手续不平等,每当通商银行解款至外国银行时,规定须由通商银行直接解送。反之,若遇到外国银行应解款至通商银行时,则规定需由通商银行登门提取。"我则仆仆在途,彼则以逸待劳。"收解时钞票与现银比例也不公平。一般地说,通商银行向外行收款时收钞票,惟数额较巨时,才搭一部分现金,而其比例、多少,则由外行说了算,有时且任其摆布。辗转划出,几经周折,方可收齐。又如钞票使用上,初期外国银行拒受通商钞票,直到后来通商银行加入外国银行公会,才同意接纳。列强还利用外贸上的优势,随意装运白银出口,这也给通商银行经营带来严重影响。在银行业务方面,故意进行种种刁难。辛丑议和期间,天津分行恢复业务活动,但因当时联军占领天津,社会秩序尚未恢复,所有汇京公款必须先行收现暂存天津麦加利银行库内,外国银行借此大敲通商银行竹杠,"寄银在库每千须取外费五两,似有奇货可居之势,即别家银行亦联络一气,众口同辞"。②又如天津裕盛成厂

---

① 陈度:《中国近代币制问题汇编·纸币篇》,第 97 页。
② 盛档:《美德伦、陈淦致盛宣怀函》(光绪二十七年五月十九日)。

麦加利银行旧照

欠天津分行行平银 5 万两,以地基 60 亩地契作抵押,此地契早已交至津海关道,并由天津分行洋大班哈罗而特禀请过户通商银行名下,后来华俄道胜银行得息,借口裕盛成厂有欠该行款项,竭力阻挠通商银行过户。由于事涉外商,天津地方官害怕开罪洋人,致使过户一事未成。再如 1905 年沪宁铁路借款 25 万镑,按照原订合同,言明由银公司分五期解款拨存通商银行,但是汇丰利用当时"银价甚贵,行款不多,有心延误",故意违期。对于通商银行股票,外国银行也极为轻视。1911 年 10 月,通商银行向汇丰、正金银行分别押借 50 万两,汇丰指定要招商局股票,不要通商银行股票。在营业上欺视通商不止外国银行。1907 年正太铁路外债借款拨存通商银行银 50 万两。按惯例,银行往来帐以三厘半起息,但经办洋人埃士坚持要按常川往来存款五厘起息,双方争执不下,最后由盛宣怀出面向邮传部提出"为于华商稍留体面",委曲求全,酌改为四厘半,为此通商银行须赔银 33000 两,后来盛宣怀又加赔了 6000 两,前后共赔 39000 两,事情才告了结。

此外,在华外国银行还通过扶植中国旧式钱庄、票号来挤压通商银行,阻挠通商银行的经营发展。此处就不详述了。

其次,当时中国是一个半封建国家,旧的封建金融势力相当强大,新兴的通商银行势单力薄,无法与之抗衡。

近代中国的金融市场主要由外国银行,钱庄、票号、银号和新兴的中国资本主义银行三部分组成。外国银行代表外国金融势力。钱庄、票号、银号则是封建金融势力的组织,就其性质来说,它与新兴的中国资本主义银行业是对立的。如果我们把列强在华金融势力比做通商银行第一大敌,那么旧式封建金融机构——钱庄、票号、银号则是通商银行第二大敌。

晚清百年中,是中国钱庄、票号、银号最鼎盛的时期。钱庄势力主要集中于商贸繁盛的江南地区,仅上海一地,清末就有200多家,其中有40家汇划庄(又称大同行)。票号势力则以黄河流域为大本营,遍及长江一带。除了南帮(安徽票号源丰润、义善源),最大的是西帮(山西的祁帮、平遥帮、太谷帮)。北京、天津、上海、汉口、沙市是票号最多的五个城市,1896年(光绪二十二年)前后,在北京约有30家票号,资本总额为1070万两。若以省份论,则以山西、直隶、江苏、湖北、四川为最多,约占总数的62%。钱庄、票号的性质、组织和营业方式虽有不同,但并行不悖,而且彼此互相利用。钱庄的性质是兑换,票号的性质是汇兑。钱庄的营业范围只限于本地,外埠不设分店;票号则分布全国。钱庄包揽道库、县库,票号代理藩库、国库。钱庄存款范围极广;票号存款以官款为大宗,放款则供给钱庄、官吏、殷商。钱庄发行庄票,注重社会信用;票号则发行纸票。钱庄、票号同为清朝统治的两大支柱。

钱庄有悠久的历史,在社会上有根深蒂固的基础。钱庄资本在鸦片战争前是从事货币借贷业务的生息资本,它与商业资本的发展不可分割,也与高利贷资本的发展彼此结合。钱庄在初期曾起过资助商人促进物资交流和扩大国内市场的积极作用,但由于它同封建地主官僚关系密切,组织制度、经营方式等方面均保留着浓厚的封建性,因而又不可能较多地促进封建经济解体。鸦片战争后,随着外国资本的入侵,进出口贸易的增长,外国银行在通商口岸的开设,为了中外贸易汇兑及兑换的进行,钱庄逐渐被外国银行选中作为国际贸易和金融的中介人,及为其伸张在华金融势力的分支机构。而钱庄亦在这种商业金融买办的活动中发展了自己的组织和势力,直至民国初年贴票风潮之前,钱庄是左右我国进出口贸易的外国银行所认可与之往来的唯一金融机构,同时也是我国的实际金融中心。就上海的钱庄来说,因为出口时,我国商人收受外国银行的票据,须经钱庄向外国银行取款。进口时外国银行收受"庄票"或银行公会的"公单"而向钱庄收款,必要时钱庄还有由外国银行通融资金的能力,所以,"庄票""公单"在国内国际市场中很有信用,而钱庄亦每天须向外国银行收解数千万"洋款"和"洋公单"。钱庄虽在内地少有分庄,但因内地通商口岸的钱庄同样经营进出口贸易,金融业服务上又有互相汇划关系,再加上拆息,操纵钱庄行市,银行本票信用流通不如庄票,尚须钱庄为之代理。加上有外国在华银行的支持,上海钱庄势力很大,以致新生的通商银行还不得不仰其鼻息,低心下首地与之往来,并向其存入一笔同业资金,如此方能开展银行业务活动。通商银行聘请陈淦为华大班的意图也在此。陈系钱业出身,当时是上海钱公会董事。因为他,通商银行自开办之日起,就同上海钱庄发生了联系。通商银行开张初期,绝大部分资金都是通过陈淦以拆票方式贷借给钱庄的。1898年上半年对钱庄的拆款曾达到192万两,以后虽因贴票风潮等原因有所下降,但在盛宣怀任督办时期,通商银行在资金融通方面依赖钱庄的情况仍很突出,拆放给钱庄的庄款数目一直很大。1905年上半年通商银行对钱庄的拆款一度达到264万两,约占总行同期放款的60%。1911年上半年则达到290万两,仍占总行放款的36%。这种现象反映银行业务离不开钱庄。

通商银行开办后,社会上商人仍习惯与钱庄打交道,而少与银行往来。"商家不与银行往来者多,而不与钱庄往来者少。"[1]原因是银行的业务活动有不如钱庄的地方。通商银行办事以汇丰为准,一般中小商人还不能与之相适应。如通商银行放款全赖抵押,另须加保,手续烦琐,而钱庄放款注重信用,有无抵押,均可通融,非常受商人欢迎。通商放款,数目较大,零星小款,每不受欢迎,而钱庄放款数目随便,不论多少,均可借贷。通商营业有规定时间,星期例假休息,而钱庄全天候办公,休业时间与商家相同,商家与之往来,实较银行方便。通商银行组织既大,事务又繁,喜与殷实商家、外商打交道,对于一般商人每多隔膜。银行对于商业情况,也欠洞悉,不如钱庄之间声息互通,加上通商银行刚刚开办,人们对它还欠了解,甚至有人把它与庄、号同等视之。它所发行的各种票据在市面上均不及庄票能通行无阻,所以一般商人与之少有往来。

票号的规模,在通商银行成立前,无疑是首屈一指的。日本人编的《中国经济全书》中说:"内部之组织与交易之信用,在清国商界中实为第一。"就票号的分号来看,不但遍设于中国国内各主要城镇,就连外国也有它们的分号。如日本的神户、大阪,南洋的新加坡,沙俄的莫斯科。[2]韩兰芳《调查山西票庄记》一书说,甲午战后为票号"增盛时期",自庚子至辛亥为"极盛时期"。[3]票号发达的原因是当时"运现(银)不便","各省协饷输送中央","国

---

① 杨荫溥:《上海金融组织概要》,第67页。

② 陈其田:《山西票庄考》,第98页。

③ 《中央银行月报》,卷6第5号,第797页。

库及厘金的收解",“各省定额摊派外债",“对外贸易渐盛,各地结帐频繁"等等,票号由于兜揽这些特别营业,获利甚厚。①

票号之所以能揽得这几项特别营业,是同它与清政府各级官员有着特殊关系分不开的。“票号在满清,对于应酬官场,极为注意。北京经理常出入于王公大臣之门,省会经理亦往来于督抚藩臬之署。"②票号除了经营以上业务外,对官僚的放款,尤为重视。从前士人进京赶考,由于携带现金不便,往往交票号汇去,有些甚至向票号预借旅费,而士人一旦考中,多向票号借款上任,待到任后再行汇还。中国官场好应酬,一旦做官,非有巨款不能应付场面,票号也乐于承做这种放款。由于有这种关系,新官上任,自然愿将各种搜括所得或辖区官款交票号存寄。票号因在各地设有分号,信息灵通,这使票号与各地官员联为一气。另外,票号“向重信用,不重契据,不作押款,手续简便"③,易于官员同票号交往。由于这些因素,所以通商银行成立后,“各省关存解官款仍循旧辙,专交私家之银号,绝不与奉旨设立之银行相涉"④。而一般官吏也仍同票号保持密切往来,“因为票号对于帐目保守秘密,官吏们都不敢把贪污得来的钱存到新式银行去,恐怕万一事发,要被政府没收,存到票号去就没有这种风险,因为官吏受查抄处分时,票号也不以实告"⑤。正因为如此,所以当清政府想停止由票号汇兑公款时,一般地方官公开为票号讲好话,为之辩解。四川的丁宝桢、福建的许应骙就是其代表。⑥

光绪末年,各地官银号纷纷开设,因此,钱庄、票号、银号同银行为了揽载承汇官款竞争十分激烈。有记载说:“浙江一省的公款几乎尽为裕通银号及钱庄所夺,江西的款项差不多是江西银号一手包办,安徽的银号也是如此。"⑦其他省份情形也大多如此。新开办的通商银行各处分行开办未久,加上业务方面存在诸多缺陷,当然无法与之竞争。如广州、汕头与香港往来生意极多,但其利皆本地各银钱票号掺之,与通商银行绝少往来。原因是“各银号皆广潮两帮所开,广人汇广,潮人汇潮,已成一定不易之局,而卑行(指通商银行香港分行——引者注)悉遵西国规矩,未能与华商通融办理,是

---

①　陈其田:《山西票庄考》,第31页。
②　范春年:《山西票号之组织及沿革》,《中央银行月报》,卷4第1号,第7页。
③　徐珂:《清类稗钞》,第17册第71页。
④　《愚斋存稿》卷二,第30—32页。
⑤　彭信威:《中国货币史》,第621页。
⑥　《皇朝道咸同光奏议》,卷26下,理财下,丁宝桢川督应解京饷仍发商汇兑片。
⑦　陈其田:《山西票庄考》,第141页。

以商贾鲜人过问"。[①]

通商银行在外国银行和中国钱庄、票号、银号这两种金融势力挟持压迫下，当然很难发展。它告诉我们，中国资本主义金融资本要想求得发展，对外要反对外国银行的支配，对内要反对和改造封建金融机构钱庄、票号、银号。而这一切的根本关键是首先要争取民族独立，推翻列强在中国的统治，变革和推倒封建君主专制制度，建立民主政治，发展民族经济。中国金融发展的问题不仅仅是经济问题，归根结底还是一个政治问题。

第三，常言道："牡丹虽好，全靠绿叶扶持。"由于半殖民地半封建的中国产业很不发达，金融的发展，全赖社会经济的活跃，一个健全的金融组织一定是产业发达的结果。但在当时的中国，金融业没有这个产业作基础。

从甲午战争后到第一次世界大战前，也就是盛宣怀督办通商银行近二十年的时间里，是列强对华疯狂侵略的时期，是列强在华工业投资"扬长直入的时代"。列强在中国的工业投资无孔不入，从重工业的机器、造船，到轻工业的纺纱；从投资巨万的矿冶工业到手工制造樟脑的工厂，都无不渗透了外国资本。据统计，1896—1913 年，外国在华设立的大型工厂达到 104 个，开办矿场 32 个。1895—1913 年，资本在 10 万元以上的大型工厂创办时的投资费用已达 10300 万元，差不过超过先前投资的 15 倍。[②]列强在华的工业投资已经形成了中国工业的垄断力量。

与此同时，中国民族资本主义工业在这一阶段也有了初步发展。但在列强和封建势力的压迫下，发展极为缓慢。"宙合之内，凡通商惠工之枢纽，无一不假他人以权柄，而仰其鼻息。"[③]外人在华设厂制造，加速对我国原料的掠夺和商品的推销。外国商品自洋纱、洋布、鸦片乃至一切玩好、奇淫之具，"皆畅行各口，销入内地，人置家备，弃旧翻新，耗我资财"。[④]民族工业市场几乎全为外人霸占，而低额的关税，直接造成中国贸易年年入超。继甲午战败对日巨额赔款之后，庚子赔款又高达 45000 万两，清政府财政已到了山穷水尽的地步，除了借债度日外，便加紧对人民的搜括剥削，无力也不可能去扶持本国民族工业。重税苛征，厘捐加收，关卡林立，一物多税。据有人统计，到 1930 年前，"一切属于厘金局之类的关卡，全国有 12000 余个"。[⑤]在

---

① 盛档：《温灏：〈庐陈管见十条〉》（光绪二十四年四月）。
② 汪敬虞：《中国近代工业史资料》，第二辑，上册，第 7—11、12—13 页附表统计，第 3 页。
③ 盛档：《徐宇君：〈闻中国通商银行开张喜而论之〉》（光绪二十三年五月二十日）。
④ 郑观应：《盛世危言》，卷三，"商战"。
⑤ 长野朗：《中国资本主义发达史介》，第 140 页。

这种刮民剥民的政策下,全国是一片萧瑟景象。自义和团运动后,北方"百业凋零,商工不振","铺户虽设而门常关","老帐未还,帐面颇不好"。通商银行京津分行以前的"放帐各家均以自顾不暇,……而银行自乱后亦无处交易"。①在南方,因摊还赔款,无不刮剥。加上水利失修,灾害频年。"江浙一带灾区较广,乞赈之书纷至沓来。加以秦、晋、顺、直等赈捐,沿门托钵,搜括无遗。"②1904—1905年日俄战争,造成北方"厂货搁压"。辛亥革命后,袁世凯发动内战,镇压革命党人,造成"沪庄倒闭,市面吃紧"。经由外患内乱,金融阻滞,民生困瘁,民族工商业倒闭者多,幸存者少。1895—1913年间,上海、武汉、广州、杭州、无锡、天津等城市历年设立的民族厂矿为549个,资本总额为12028.8万元,1912年全国登记的工业资本才5500万元。1895—1913年全国资本在50—100万元的工厂为40家,资本总额为2798万元。100万元以上的为17家,资本总额为3172.5万元,而同时期外国在华工厂资本100万元的有22家,资本总额为6378.1万元。同一时期,中国有煤矿41家,资本为1410.3万元,而外国在华开办的则为23家,资本总额为4551.2万元。③中国民族工业资本同外国在华工业资本相比显得非常微弱。

银行的业务主要是存款、放款和汇兑,不参加实际生产过程,只有当社会上有多余资金存入银行,银行才能对社会各项事业提供补充资金。但在列强和封建统治压迫下,艰难支撑的民族工业大多呈现"资本无多,于置地造厂、购买机器,先已耗资大半,并无存储之款,以备缓急"。④企业连生产资本都缺乏,当然无大量间歇资金去充作银行存款。列强的白银出口,直接造成银根奇紧,放款存款均为萎缩,所以工商业者也无款存行。由于社会动荡,人民贫困,生计艰难,借款尚无门路,何来存款?而那些有钱的地主、官僚、买办为求"安全",把平日剥削、搜括所得宁愿存入外国银行也不愿(亦不敢)存入本国银行。光绪年间,御史赵启霖弹劾奕劻曾以2.5厘利息在汇丰银行存银120万两。⑤清政府派人去汇丰查证,银行以替客户保密为由,加以拒绝。辛亥革命时,清朝皇族成员和不少官僚为求"保险",率多将财产存入外国银行,后来外国银行不肯受理,这些官宦竟以缴纳保管费要求存储。

---

① 盛档:《长芦盐商与银行往来情形概略》(光绪三十一年八月二十七日)。
② 盛档:《陈滢致盛宣怀函》(光绪二十七年九月初十日)。
③ 汪敬虞:《中国近代工业史资料》,第二辑,上册,第654页附表统计,第30页;第403页附表统计。
④ 《时务报》(光绪二十七年四月二十日),第27册,第14—15页。
⑤ 《上海金融史话》,第22页。

银行存款少，不可能为企业提供需要的资金，企业无资金通融，不能发展，结果银行也不能扩大经营。

金融贵在流通，流通全凭信用。所谓信用，就是款子放出去后，能按时收回。一旦不能收回，信用便告中断，银行遭受赔累，便不敢再放款。从通商银行初期的放款来看，在1900年以前，对本国工商业的放款不少。1898年初为178万两，其中有14％属于民族资本厂商。但自庚子事变后则大为减少。原因是因京、津、镇三分行亏损造成银行严重亏空，无力贷放；另一方面由于社会动乱，经济不景气，也不敢放款。通商银行开办初期，放款利率在8～12厘之间，这在当时是比较高的。利率高则企业无偿还能力，因而无法借款，且银行放款大多为抵押放款，需用道契、地契、各种票证乃至企业本身及产品，甚而用官差缺契和某某官僚、某某外国领事荐条作抵押。这种以对人信用和对物信用的放款方式根本不足以稳固金融本身。这种放款取得的只是不能流通、不易转让的帐面上的呆滞债权，对于银行本身的周转也产生困难。一旦缺乏款项，银行毫无办法。银行本身资金缺乏，又如何去扶助工商企业？不但不能扶助，反而还要压迫它。尤其是遇到风险时，银行不惜牺牲工商业来保存自己。四川保路运动发生后，盛宣怀预感时局有变，急令通商银行赶紧收缩，抓紧催收上海裕泰各纱厂放款，"为金蝉脱壳之计"，"以保通商头等名誉"。近代中国民族企业经营困难，使得中国银行不敢去投资产业，而不得不另谋生路。早期通商银行曾将大量资金投入到房地产及其他非生产性投机行业和商品流通过程中去，借此获取丰厚利润，此后兴起的其他中国银行也率多如此。

不过，这里需要补充说的，除了产业资本不发达，使中国金融不能很好发展外，近代中国社会经济发展缓慢也是通商银行乃至所有中国银行业不能发展的原因。当时中国社会经济发展水平大概这样：就全国范围来说，自然经济的破坏虽已进行着，但还不够广泛和深入，南部中国破坏的面虽比较大，但也仅限于沿江沿海及靠近交通线的城镇乡村。北部中国社会生产力本来发展就很缓慢，列强势力的入侵也较晚，自然经济的破坏还刚开始，而且只限渤海湾沿岸和黄河中下游较小地区。广大的西北、西南、东北和蒙古地区的大部分地区基本无变化。这种以自身劳动为基础的自给自足的自然经济是资本积累和集中的严重障碍，它造成民族资本企业不能发达，同样也使金融资本无从开展。通商银行初期，势力根本未能发展到东北、西北，虽曾一度在西南重庆开设分行，但因道途艰险、交通不便，款项无处可放，最后只好关闭。总之，在半殖民地中国，无论是中国民族工业，还是银行业，都无法做到资本集中,工业不能集中资本,银行则无力垄断工业。通商银行只能给汉冶萍提供部分资金,但不能控制它。而生长在那样历史条件下的盛宣怀,也只能认识到产业在资本集中上面的作用。至于对银行在集中资本上的作用则认识不足,他重视汉冶萍远远超过了重视通商银行,就是这个道理。

第四,中国金融制度不完善,既没有一个完善的证券市场,币制又极为紊乱,极大地影响了通商银行的发展。

一个健全的金融组织,要有两个市场:长期金融市场和短期金融市场。长期金融市场就是产业证券市场,是借股票和公司债票的承受和投资,使工商业得到资本。短期金融市场就是票据市场,是借票据的承兑和贴现,使工商业得到流动的资金。但是在通商银行成立前乃至成立后的相当长的一段时间内,这两个市场全为外国银行把持着,中国还没有自己的证券市场。民族工商业刚有所发展,资本微不足道,在列强和封建势力双重压迫下,生存维艰,不可能发行产业证券,同时也不可能获得社会信用。因此,一个建筑在产业证券上的证券市场无从产生。由于中国缺乏一个灵活而敏捷的产业证券市场,资金不易流通,即货物财户不能变为票面的流通资金,所以一遇到市面不景气的时候,就周转不灵,横遭厄运,产业没落,金融也就无前途了。

货币紊乱,极不统一。一个外国人在形容旧中国货币的情况时说:"中国各地货币的不同,犹如各地的风俗的不一样。"①清末中国货币的种类极多,就不算银块,也还有外国银元,中国银元、银辅币、铜元、制钱,中国钞票,外国钞票等。中国钞票中又有银两票、银元票和钱票。以价格论,银两不同于银元,制钱不同于大钱,官票不同于私票,而银两又有纹银、九八规银、洋化银、行化银等,制钱又有官铸、私铸,官铸又有古钱、今钱、大钱、小钱之别,今钱又有各朝钱轻重之别,官票、私票种类价格不一。至于各地钱庄及商号私自发行的票币,如鄂西之市票、福建之台伏等更是无法统计。中国银元因各地成色不划一,种类也很多,有库平、关平、漕平、市平、公估平、司马平等,因此各地使用不一。"查京城通用京平松江及京公砝足银;天津则用行平化宝;上海则用九八规银,以一○九六申为库平;汉口则用九七四洋例银;广东则用九九七番银;福建则用捧银番银;平砝不一,名目互异。"②"广东、湖北所出者尚能通用,然不能敌墨西哥之英洋;而天津、福建所铸银元,成色不

---

① 雷麦:《外人在华投资》,第25页。

② 盛档:《中国银行说——严信厚所拟第二个银行章程》(光绪二十二年十二月十八日)。

光绪二十四年(1898年)中国通商银行京城京平足银伍钱

足,分两不准,式样花纹又不见佳,万万不能通行耳!"①至于当时中国流通的外币则不下数十种,由于列强划分势力范围,又使它不免染上区域色彩。西班牙银元盛行于江、浙、闽一带,英国站洋盛行于广东、京津一带,墨西哥银元盛行于华东、岭南,日本银元盛行于福建、沈阳、大连,法国银元盛行于云南、广西。此外,外国在华银行发行的纸币不仅种类繁多,而且数量大,流通于中国各省区。海关总税务司赫德的秘书马士在《中华帝国对外关系史》一书中说他在通商口岸搜集到的各种货币有113种之多。

外国银元和纸币在中国流通,造成中国币制更加混乱复杂,加深了中国币制长期不能统一。通商银行开办后,虽曾发行了银两、银元券,但因数量小,在外币充塞、中国各地货币泛滥割据的情况下,流通范围极小,后期它只能流通于上海地区。

第五,盛宣怀理想中的通商银行未能实现,除了上述诸多客观原因外,还与银行本身存在的许多缺陷有关。聘用的外国银行专家不愿干,董事、大班缺乏近代银行管理经验,不会干,这些是通商银行经营受挫无法回避的。

通商银行开办后,内部管理人员中外兼有,有洋大班,又有华大班;有洋帐房,又有华帐房。两帐房地位不同,名义上洋帐房管理华帐房,但因洋帐不多,事事靠翻译,所以,实际上彼此各自为政,互不相属。这样办银行,效

---

①　盛档:《严信厚致盛宣怀函》(光绪二十三年十一月十六日)。

果是可以想象到的。

　　盛宣怀当初聘洋人帮助中国办银行，其原意也并非完全出于崇洋媚外，崇洋没有错，外国先进，中国落后，崇拜可以理解。但媚外大可不必，中国人有志气、有能力赶超洋人。通商银行成立时，当时国内缺乏新式银行的管理技术人才，不去聘用外国人才不现实；而聘请的这些洋人又多半是曾在汇丰等银行办事之人，他们"谙练行务"，"办事极有见地"，"见识极佳"，"诚实可靠"。这些人既有办行经验，任用他们未尝不可。在盛宣怀看来，任用他们可以加强与外行的联络，扩大业务，"有外人作大班，臂指灵通，中外商情、语言、习惯，隔膜可以减少"。遇有缓急，汇划可通，在营业活动上得到外国的承认，减少自身的风险，是巩固地位和增强力量的重要步骤。至于银行钞票用洋大班签字也事出有因。陈光甫先生说："溯中国通商银行成立之初应付环境，因发行钞票，不得已而雇用洋员在票背签字，以期不至为外滩洋商银行所拒收，可见创始之难。"①当然，除了这些理由外，盛宣怀不惜重金聘用外人办行，还有他个人另外的谋算。一方面可借此加强同列强的联络，另一方面可利用他们来对付清政府。他害怕清政府无限制地向通商银行"借钱"不还，有了洋人、洋档房，他就可以搬出这个洋大班作挡箭牌来。所以，每当遇到清政府或地方官找通商银行麻烦，盛宣怀和通商银行的董事们总是抬出洋大班作为护身符来了结。这是经营策略上的一种手段和需要。

　　盛宣怀不惜"糜重费以费外人"，将银行的大权交给外人，规定举凡总行一切存放款、资金运用、押品处理、签订合同、选任职员等，洋大班均有决定权。可实际上换来的却是另一回事。洋大班和洋帐房的洋员们另有他们自己的打算。他们不过借助通商银行达到自肥的目的。洋大班美德伦日常工作"仅止钞票签字，遇有交涉控案为本行出面，及所做押款核对洋栈单三事以外，余皆无关轻重"。②但钞票签字"只有洋行便于抵押一件好处"。自通商银行开办以来，均以华商交易为大宗，与洋商往来较少。所以有人指出："就令通行皆用西人亦不能招来一西商，以华商之资徒供洋人之薪费，恐无以服股东之心而杜旁观之口。"③按照合同规定，美德伦一年薪水为 12000两，但他仍嫌不敷用。庚子事变后，银行严重亏损，他不恤行情，一味要求加薪，总董未予同意，他竟然"自加薪水，不由总董议定，不俟督办批准，擅行自

---

　　① 陈光甫：《五十年来中国之金融》（中国通商银行成立五十周年纪念册）。
　　② 盛档：《李钟珏、王存善、顾润章致盛宣怀函》（光绪三十一年九月十二日）。
　　③ 盛档：《温灏〈胪陈管见十条〉》（光绪二十四年四月）。

增"。①并借口经常外出，必须有一合格之人留行照料，擅自在洋帐房增添大写，月支银 500 两，且忽支纸张费 300 余两，忽支医生费 100 余两，忽又添木器费 200 两，任意开销，漫无限制，每月多支银 500 两，计擅支年余之久。②合同中并无洋大班眷属住行的规定，美德伦不仅占住银行房屋，又将银行隔壁洋房借住[通商银行总行办公楼在当时外滩广东路 6 号（原大英银行旧址），隔壁洋房当指 7 号楼房——引者注]，并不付房租，总行为此每年代付房租银 6000 两。美德伦既要钱，又揽权，却又不愿为银行办事。每遇洋人业务，处处给洋人以方便，洋行借款，先付款，后开单，数目不计，还款无定期。"从前所做押款至今尚有三项，迭催数十次，将及一年仍未清结，甚至都益（指洋行洋东）之款竟先将耶松（英国船厂）股票私自给还都益，于银行生理章程不合。"③他还挑起华洋帐房的矛盾，借此排斥银行中的中国职员。

分行洋大班也率多如此。他们"违章揽权"，"喧宾夺主"，"与振兴华商之始意相左"，贪财迷利，于行事毫无裨益。被美德伦捧为"稳练老成"的香港分行洋大班拉打平日不把华大班放在眼里，"各事不与冯曜东（华大班）互商，稍有不满，啧有烦言"，指斥冯不是银行学校出身，不懂业务，不能"妥办行中诸事"，"保单不十分有用"，"保单不合"。④他与美德伦串通一气，擅自决定撤换冯氏，另换他人。而盛宣怀竟然同意他们的做法，"复核应准照办"。冯氏只好托词告退，被迫离行。"因闻洋大班欲将伊撤换，并非真欲告退。"⑤拉打平日在业务方面亦专门与华商作对，"动辄出状师票，碍人商业"。⑥凡是香港与内地华人往来电汇，一经他手，往往故意拖延迟误。⑦被美德伦誉为"人极明干"的北京分行洋大班厚士敦，是一个典型的政治扒手。平日向不与华大班钱荫堂谈论公事，遇事"推诿，不肯承担"。义和团进入北京后，他撇下银行不管，携带眷属，躲进英国使馆，后又逃至上海。庚子议和后，北京秩序次第恢复，分行生意原可继续作，但他"不肯遽行开张，而且远在津门"，因此造成银行"遇收票签字必须京津往还耽延，势难与人争胜"。⑧他利用当时中外议和之机，大放厥词，捏造谣言，要挟通商与他续订合同。

---

① 盛档：李钟珏、王存善等致盛宣怀函（光绪三十一年七月二十二日）。
② 盛档：李钟珏、王存善等致盛宣怀函（光绪三十一年七月十九日）。
③ 盛档：《李钟珏、王存善、顾润章致盛宣怀函》（光绪三十一年九月十二日）。
④ 盛档：冯厚光致盛宣怀函（光绪二十七年五月二十一日）。
⑤ 盛档：冯厚光致盛宣怀电函（1901 年 11 月 6 日）。
⑥ 盛档：壬寅十二月二十七日冯厚光来电。
⑦ 盛档：盛宣怀致温灏电函（光绪二十七年九月初四日）。
⑧ 盛档：《庆宽致盛宣怀函》（光绪二十七年十二月初二日）。

说什么现在西国有人欲趁议和之机，谋夺通商银行，假若同我厚士敦续订合同，这样西国虽欲觊觎，亦无从下手。这个骗子在进行一番恐吓后，于是又大敲竹杠，向通商要钱。借口"津、京乱后银行收拾残帐，其事务纷繁，须加意办理。又以兵燹之余，冒险历劫受亏甚巨"，要求将其每月薪水由500两增至750两。①天津分行洋大班哈罗而特也是个无赖。津行后来裁撤后，他借口收帐，仍赖在天津，要求银行赔他一年薪水，否则"出控"上告。盛宣怀说："查该洋经理哈罗到行以来，虽无错误，亦并无实在可指之功。"②洋人要"出控"，总有碍银行面子吧，结果盛宣怀还是答应给其上等回国船票，另支三个月薪水，才算把这位洋大人打发走。除了大班外，总行洋帐房的大写、小写也是借银行勒索搜括。大写马歇尔月薪300两，也叫嚷钱不够用，要求盛宣怀"格外栽培，每月赏加津贴若干"。③小写里末特，直到洋帐房裁撤，尚欠银行银1万多两。洋人根本无意把银行办好，只是为厚薪而来。盛宣怀"借材异域"，"征用客卿"，到头来反被外人所困。

再来看看银行内中国办事人员的情况吧。

1951年，通商银行54周年行庆，银行总经理毛啸岑讲了以下一段话："那时充当中国通商银行总董的，大都是道台班子，红顶花翎，箭衣外套，口里讲变法，崇洋务，实际是一知半解，趋时出风头。"④这些总董、大班，有的是在职官员，有的是退职官吏，多数人只有一个虚衔。先谈总行总董：张振勋是南洋华侨巨商，曾任清政府驻南洋商务大臣、驻槟榔屿一等领事、驻新加坡总领事。1895年创办烟台张裕酿酒公司。严信厚曾在李鸿章手下任长芦盐运使，并在沪襄办转运军饷和兵械，后在上海、浙江等地创设机器、纺织、面粉、榨油等公司。1901年筹设闸北会议公所（即后来的上海华商总商会前身）。叶成忠是与外国军舰上的水兵做生意起家的买办商人，后在外商办的五金号中任经理，在

叶成忠（叶澄衷）

---

① 盛档：《厚士敦致盛宣怀函》（光绪二十六年九月十六日）。
② 盛档：《盛宣怀致李钟珏、王存善、顾润章函》（光绪三十一年七月初五日）。
③ 盛档：《马西尔致盛宣怀函》（宣统二年六月二十九日）。
④ 案存上海市人民银行档案室。

沪、汉口办过火柴厂。杨文骏曾任广西雷琼道道台。刘学询是广东富商。

施则敬是举人出身,经理丝茶生意致富,办过赈捐。朱佩珍(葆三)是上海平和洋行买办,曾开办过面粉厂,1911年任上海华商总商会会长。严潆、陈猷是轮船招商局商股董事。杨廷杲是电报局总局提调。华大班陈淦是钱业出身,咸康钱庄经理,捐有县丞职衔。这些人员虽"腰缠万贯",也颇听命于盛宣怀,但他们并不高明,缺乏近代银行的知识,办银行是个外行。招收股份时,股票由谁签字也搞不清楚。要他们制订行章,"搜肠刮肚,终难得其要领"。通商银行自始至终缺少一个完备的章程。他们不识外文,看不懂洋文帐册,与洋大班议事,唯有靠翻译。

朱葆三

一般业务都委诸洋人。通商银行名为中国人开办,莫若说外国人办中国银行。他们名为董事,但向不理帐。总行除了洋文帐册之外,再也没有第二本中文帐册,平时连月结也没有。所以待到盛宣怀要总董大班按月造表向他报帐时,总董们慌了手脚,无法拿出帐来。盛宣怀气愤地说:"其实总行董事亦未必了然,……试问中外官局、商铺无论大小分合,有无帐册可观者乎!虽独做之营业亦有月总、年总,况公司乎!一经股东诘责,恐无词以对。""(顾)咏铨曾面禀洋帐最清楚,此岂能告慰股东耶!通商非洋行也!"①其实总董们也非专心集力办银行,"且均各有别事,并非专管银行生意进出",但每月津贴照领。1899年4月叶成忠病故后,驻行办事董事严信厚"因事冗不克常川到行"。严潆长期患病,他死后"行务废弛不振,较前益甚"。②总行董事之间亦不能和衷共事。银行开办的第一年,刘学询就闹着不想干,"声明以后不问行中之事"。③所以,盛宣怀也说银行之弊在"废弛"。④"皆由总行办事乏人。"在银行业务方面,华大班陈淦虽是钱业熟手,声望素著,但平日做事,怕担风险,怕麻烦多事,不愿作汇票,因此银行存款无多。因"放拆息则两天一转,可省心思精神。作长期及押款,则须时时留意,处处探询,期到

---

① 盛档:《盛宣怀致王存善、沈敦和、顾润章等函》(宣统元年闰二月十六日)。
② 盛档:盛宣怀来札(光绪二十八年五月十一日)。
③ 盛档:《中国通商银行公信录》(光绪二十三年十二月三十日)。
④ 盛档:《盛宣怀致李钟珏、王存善、顾润章函》(光绪三十一年八月二十日)。

须还，又须复做，循环不息，劳神实多。放拆息则听诸市面，可以省无数精神心思，所以拆息一小，银行即须亏本。"①对此，盛宣怀说通商"不通汇票，何异上海开一大钱庄"!②从前亏本实"因陈笙郊多病，诸事废弛，以致种种吃亏"。③总行董事大班中不但有不专心行务的，而且有打着银行招牌干自己私事的。据美德伦揭发，"查得总银行除有真帐外，尚有假帐"。④美德伦的揭发很难说没有。1900 年 2 月 8 日(光绪二十六年正月初九日)汉口分行大班林友梅在给盛宣怀的电报中也揭发说："赵某(指铁路总公司会计赵致祥——引者注)与银行华大班(指陈淦——引者注)狼狈为奸，统上海无不知，三年银行，私家几万。"这一揭发可以与美德伦的检举相印证，说明陈淦在营业方面确有营私舞弊行为。此外，银行总行董事大班在营业上还有一个错误，就是将资金分散使用。将资本金分存于各分行，从 3 万两到 20 万两不等。通商银行本来资本不多，去掉分存于各分行的资金和准备部分外，总行能够集中用于市面流通的资金至多只有 100 多万两。1903 年 6 月 29日(光绪二十九年闰五月初四日)，盛宣怀在给总董的札文中说："本行开设已经七年，成效未能大著，所开各分行占用股本过于一半，京津遭乱之后，欠项至今未能清楚。此外各行亦无余利可图，而总行资本逾少，以致不敷展本，现在部款奉文提还，则本项逾形短绌。"资金分散，不能集中使用，银行便不能发挥更大更有效的作用，当然谈不到什么盈利。"况申市如此之紧，若再提银出口，势必掣动全局，关系尤巨。"⑤一旦遇到异常情况，就要发生破绽，十分危险。

总行办事乏人，分行情况更糟。通商银行始终未能制订出一部分行章程，这就给分行业务带来了极大不便。分行各分畛域，一盘散沙，毫无节制。有人曾指出："分行如现在办法，各自放帐，又何异各处开一钱铺分庄，皆于银行不合。"⑥盛宣怀在办分行一开始就犯了大错，为了把银行业务推向全国，实现他独揽全国金融的计划，先后开办了十多处分行。他办分行的原则有两条：一是办事"董事必须向在钱业票庄出身之人"；二是"果有现银十万两而已交至总行者"。只要"能认巨股，可照章派充董事"。"熟悉本地商情，

① 盛档：《李钟珏、王存善、顾润章致盛宣怀函》(光绪三十一年八月初十日到)。
②⑥ 盛档：《中国通商银行公信录》(光绪二十四年正月十二日)。
③ 盛档：《盛宣怀致李钟珏、王存善、顾润章函》(光绪三十一年八月二十日)。
④ 盛档：《美德伦致盛宣怀函》(1898 年 6 月 28 日)。
⑤ 盛档：《朱佩珍致盛宣怀函》(光绪二十三年十一月初五日)。

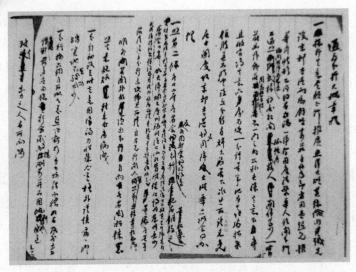

1897年5月间盛宣怀制订中国通商银行分行大概章程的亲笔手迹

殷实周妥,堪充买办。"分行开办的办法是"不过照海关银号、西帮票号式样,租屋数间,派帐房数人"。①这种"惟财是举"而不认人品高下的选董方法很不恰当。为那些平日专以图谋私利的官绅钻了空子,借办银行之名,不择手段,贪赃枉法,这就为日后银行亏损埋下了祸根。

从分行董事大班的成员情况来看,也大多为中下级官吏和钱业出身。广州分行大班王同燮是候选知县,九江分行大班郑炳勋是户部郎中,天津分行大班梁景和是候补同知,镇江分行大班尹德坤是内阁中书,福州分行大班王同恩是同知衔候选通判,烟台分行大班万霞如、重庆分行大班包星北是钱业司事,等等。这些人办行的"目的全在金钱之义,行事休戚,本与彼膜不相关"。②平日管理漫无规矩,"到班不依期,告假无定时","且多年轻之人,算盘笔墨多未娴熟"。③类皆无办行知识。甚至有的分行,如香港分行,人员"流连海上,惟酒食征逐是图,伎俩如斯,成效可睹"。④由于不少分行董事大班本来就是当地钱庄、票号、银号的老板或洋行买办,因此,往往"身兼两任,一心两用"。广州分行大班"王同燮名为银行大班,实则源丰润司事,推原选举初意,未始不因该大班系票号老手,可以收驾轻就熟之效,不知银行与票

---

① 盛档:《中国通商银行分行大概章程》(光绪二十三年六月)。

②④ 盛档:宣统二年总董致盛宣怀函。

③ 盛档:温灏致盛宣怀函(光绪二十六年四月初六日)。

号系属同业，一心不能两用，顾此失彼，在该大班亦势属两难。故自广州行开设以来，源丰润生意日见其盛，而银行则鲜人过问，几于门可张罗，是有银行之名而无银行之实，固不如不开之为愈也。"①"检查该行历次帐略，每届不过盈余一二三千金不等，较之源丰润每年所得余利，相去悬殊。"②汕头分行大班洪秉钧，早欲出山（指做官——引者注），无心行事。重庆分行自大班包星北病殁后，行务由其侄包国康接办，但本人并未到渝，而是托一镇江人吴某代办，甚不妥当。这些分行董事大班基本不懂银行业务。如宁波分行帐册全如旧式，会计科目含混不清，以致无法汇总。他们全不按总行行章办事，放款、押款期利息向不遵定章，遇到重大事情也不知照总行。分行与总行帐目常常不能一致。银行开办第二年，1898 年 1 月 28 日（光绪二十四年正月初七日），总行董事向盛宣怀报告："现在各分行买办统未照合同办理，若不设法整顿，将来设有意外风波，董事不论其咎。"要求以后添设分行，必须"拟请由总行举荐妥人"，先与董事商妥后再呈请督办酌夺施行，"以期指臂相连"。但未引起盛宣怀的重视。银行合同规定：分行不得作外行生意，不作囤积居奇，不作买空卖空，不放官场借款，不得用银行招牌图记作自己生意，等等。可是，天津分行大班梁景和平日除有公帐外，还有个人私帐，甚至伪造"洪汉记"户名，冒领行款 2600 两，为自己捐买功名，他还用行款与他人合伙开设店铺。分行买办陈日初身兼顺发洋行买办，因此常将行款放给洋行做生意。津行帐目原本就混乱，经由庚子事变，更加混乱。梁氏殁后，其手下人编造假帐，以至天津分行与总行以及铁路总公司往来收付存欠帐目长期纠葛不清。镇江分行大班尹稚山向不正派，私刻图章，亏挪镇江关官款 32 万两。平日放款均任意存放盐号、钱庄、米栈、洋行。开办头年，镇江分行将 6 万两行款存放源通、晋源两钱庄，且无期限。这等于增强钱庄势力，与总行所订合同大相违背。按合同规定，分行帐目每月须报总行，但镇江分行开办的头几个月就没有做到，尽管总行致电迭催，并以"违背银规论"，可是该分行就是不理。由于镇江分行业务不按规定经营，最终导致严重的亏空事件。

通商银行管理人员如此腐朽无能，银行自然办不好。"该银行从前皆因董事互相推诿，总行大班不能稽查，分行各分畛域，以致极好局面，深受分行之累。"③

---

① 盛楷：《戴春荣等致盛宣怀函》（光绪二十四年九月二十六日）。
② 盛档：《施则敬、严潆、陈猷致盛宣怀函》（光绪二十六年四月二十三日）。
③ 盛档：《盛宣怀札李钟珏、王存善、顾润章等文》（光绪三十一年八月初十日前）。

第六，封建统治集团内部的派系斗争，对通商银行的歧视、排斥，使通商银行不能正常营运。

通商银行开设于清朝崩溃的前夕，这时统治集团内部矛盾已到了分崩离析的地步，因此，作为清朝官僚的盛宣怀一手督办的通商银行不能不因盛宣怀同其他官僚集团的矛盾而受到影响。封建顽固守旧势力曾阻挠它的开设，待之开办后，又对它横办排斥，给它的营业带来许多困难。

通商银行开办后，光绪帝曾谕令各省地方官支持通商银行。1898 年（光绪二十四年）盛宣怀又呈奏，请"敕下户部通行各省关，嗣后凡存解官款，但系设有中国通商银行之处，务须交银行收存汇解，以符事体，而保全局"。户部回复，如果汇费轻减，方能交通商银行办理。盛宣怀为了争取存解官款也指示银行认真承办各地汇兑。但是银行办了两年，盛宣怀"查阅十处银行帐目，汇兑官款甚属稀少"。各地方官只把谕旨视作具文，并不执行。各地分行大班请求地方官协助行务，而各地方官以未奉部文为词，不予理睬。有时前任官宪同意与银行往来，后任又推翻前言，仍同庄号交往。镇江关即是一例。镇江分行开办后，扬镇道曾某同意日后所有官款由镇江分行存解。不料曾某卸任后，继任关道长久山已忌前任，决不与银行往来。从银行方面检讨，银行也有不适应官场的地方。正如前面所说，各地方与庄、号联络已久，关系已深，钱庄、票号借款、存款手续简便，不像银行那样手续烦琐严肃；各省发商生息之款月息总在一分以上，"非是则公家不敷"，而存银行，利息最多 8 厘，因此，皆不愿存入银行。为了求得收存官款，盛宣怀和总行董事允许各地分行"凡交往衙门遇年节及喜庆寿辰应送水礼"，可"作正支销，但不得过于浮糜"。①若遇到分行发生意外事件须地方官帮忙，则规定可从追赃中拿出一部分作为酬劳。尽管如此，仍有不少官僚不买盛宣怀的帐，不给其面子，甚至同他过不去。袁世凯就是其中一个。袁与盛本来都是由李鸿章一手提拔的，袁主要在军事政治上继承了李鸿章的衣钵，盛则主要在经济上扩展了李鸿章创办的洋务企业。但两人为了争权夺利，之间常常发生争吵。1902—1908 年袁氏得势期间，曾用变换企业的形式，首先将电报局从盛的手中夺过去，又一度将自己的势力打入招商局。对于通商银行也横加刁难。津海关道张振荣与盛氏关系密切，曾将北洋海防款 12 万两拨存天津分行。袁氏任直隶总督兼北洋大臣后，督办北洋防务，"听谗言，与张下不

---

① 盛档：《中国通商银行总行与分行的合同议据》（光绪二十三年六月），及《梁绍祥充任天津分行经理大班合同议据》（光绪二十三年七月十六日）。

去"，严札勒限张氏于一个月内将所存天津分行海防捐款交清，并以"查办"相威胁。当时天津分行经营困难，一时提不出此款，要求以前关道所担保之欠款抵还关署之款，也不允许。后来袁氏又直接派人到沪向通商银行总行索款。事情折腾了好几个月，盛宣怀只得答应付款。实际上，袁不过是借此一端与盛氏为难，当然最后吃亏的还是通商银行。盛宣怀后来当上了邮传部尚书，权势可谓显赫了，可是邮传部中仍有一些官僚同他作对。由于通商银行在正太铁路存款利息一事上同邮传部关系闹得很僵，于是邮传部内部一分官僚便在京张铁路存款上进行报复。1907 年 4 月，京张铁路借款有 40 万两存放通商银行，言定系长存，但同年 5 月，邮传部"忽然全部提走，且未提道胜，全提华商，其为有意，可想而知"！"银行此款一年可盈余一万四五千两，影响所及，亦有何言。"①满族权贵对通商银行亦多排斥。当初银行筹办时，荣禄带头反对开办。义和团运动中，荣禄所统带的武卫中军公开焚抢北京分行所存该军军饷银 5 万多两。荣禄逃到西安后，又以"军饷之需，关系军情，十万紧要"为词，以兵部火票 600 里传谕上海道余联沅，札饬通商银行迅即拨还武卫中军所存北京分行饷银 31 万两。"不准藉端推诿，贻误军需，致干参究。"荣禄闹得很凶，盛宣怀也频施伎俩，因当时正承办两宫回銮大差，深得慈禧信任，最后经慈禧谕准，除被抢 5 万两外，共赔交 26 万两，支付了结。

第七节　盛宣怀督办通商银行的终结

通商银行创办于甲午战后的第二年。从国际上看，列强正对中国实行深入侵略，划分势力范围，强占租借地，大量输出资本，进行疯狂的掠夺，中国利权几为外人所占尽，中国民族资本主义发展受到严重的阻碍。从国内看，正处于戊戌变法前夜，面对列强瓜分的严峻形势，以康有为、梁启超为代表的一批士大夫官僚知识分子正在奔走呼号变法，救亡图存。其时天下嚣嚣，莫知适从，自科举以至缠足，一切以排除旧制为宗。就在这个重要的时刻，盛宣怀"窥见外邦经济侵略之深入，非急起直追，多方并进，不足以塞漏卮而保利"，于是决定开办通商银行，在外国列强和封建势力的夹击下，克服各种艰难，最终将银行开办起来。此后又为了保住这个中国第一家银行，进行了各种努力，付出了大量心血，这些都是客观事实，历史不容否定。通过盛宣怀创办通商银行一事，也使我们看到在半殖民地半封建的中国，要创办

---

①　盛档：上海银行董事来电（光绪三十三年十月初八日）。

一件推动社会进步的新式事业是何等的不易。前人创业之不易，其缔造之艰辛，有如是者。正如章士钊先生所评论的那样，"盛公于举世空谈之日，匠心独运，巨灵独臂，凡阴保国脉、利流子孙之实际大政，逐一举行，一是以银行为之枢机，此得谓非孟子所云：'虽无文王犹兴之豪杰者也哉！'今事后而论成败，几无一不见公之忠于谋国，勇于任怨，即论士之最激进者，亦将无以易是言"。①盛宣怀创办通商银行，原来的立意是要抵制外国银行，挽回利权，这一点无可非议。但是由于当时中国社会历史条件的限制，盛宣怀本人所代表的阶级属性，使他不可能完全做到这点。"中国通商银行根本上是代表着资本主义剥削阶级利益的，尤其是盛氏效忠满清帝后，纵有成就，也是为一姓的天下打算，何况官僚资本，基本上是与帝国主义相结合的。"②

历史是多元而又复杂的，对于历史人物、事件的评价也要从客观出发。尤其是中国近代史上发生的种种事情，更应如此。盛宣怀依靠政治权力发展起来的资本，在半殖民地半封建的中国建立了不少的新式企业，这些企业都是很重要的，规模也很大，如招商局、电报局、通商银行、华盛纺织局、又新纺织厂、汉阳铁厂、大冶铁矿、萍乡煤矿、三姓金矿以及卢汉铁路、沪宁铁路、沪杭甬铁路等的修建，以及南北洋大学堂的建立，等等，这些企事业可以说代表了一种新气象，这些企事业的开发、经营对于抵制外国资本、唤醒国民起过一定的推动作用。中国向无银行，有之自通商银行始，这是谁也无法否认的。通商银行开办后在市场上曾起过一点调剂作用，"近年金镑翔贵，银币低压，百物腾踊，运输窒滞，如上海通商总汇之区，而银根空匮，商情岌岌，皆有不可终日之危，幸通商银行主持市面，银息虽昂，犹稍有限制，得以勉为支柱"。③通商银行也曾为民族工商业的发展薄尽绵力，"华商银行之机能除辅助外国商品之推销外，对于沿江沿海地带萌芽的新式工业亦有相当之辅助。"④盛宣怀督办通商银行期间，通商银行对于当时兴起的民族资本主义工业曾给予资金融通，虽然放款的余额在整个放款总额度中不高。1894—1899年，上海和南通地区的中外纺织厂有11家，其中民族资本开办的有5家，而5家中有3家（大生、大纯、裕源）与通商银行均有借贷关系。民族资本厂商大多资本不足，流动资金缺乏，经营困难。如张謇的大生纱厂，成立于1898年，从创办到开工，需要流动资金很多，"每日收花，银元率以万计，

---

① 章士钊：《中国通商银行五十周年感言》，《中国通商银行创立五十周年纪念册》。
② 毛啸岑：《通商银行五十四周年行庆讲话》（案存上海人民银行档案室）。
③ 《愚斋存稿》，卷二。
④ 《银行周报》第19卷，第19期。

数万金之款,数日而罄,仍不给于用"。不得已,向盛宣怀"乞拨借十万两",结果前后 6 次共借到 7.4 万两。①又如朱纫秋开设的天津贻来牟机器磨面厂,成立于 1878 年。在 1898 年前后曾向天津分行借款 4.7 万两,1900 年由于义和团运动和八国联军侵占天津,该厂无法经营,被迫歇业,所借行款无力偿还,不得已将厂房、机器、家具等一并押于通商银行,订明三年赎回,实际到 1909 年底,'贻来牟'还欠通商银行银 2.27 万两。辛亥革命前,与通商银行发生借贷关系的民族资本的轻、纺工业厂商有 11 家之多,通商银行对他们的借款从数千元到 17 万两不等。辛亥革命后,与通商银行有借贷关系的民族资本厂家更多,通商银行对他们的资金融通也更多,这对民族资本工业的发展是有利的。

早期通商银行是清末洋务官僚、买办投资和控制的一家资本主义商业银行,名义是"商办",实际由官僚盛宣怀"督办"。1911 年(宣统三年),盛宣怀因主张实行"铁路国有"政策,引爆川、粤、湘、鄂等地保路运动和辛亥革命,清政府以其为替罪羊,将其革职,后在英、法、美、德、日等列强的庇护下,逃往日本。

在保路运动发生不久,盛宣怀预感时局将有大变,多次致电通商银行总行董事顾咏铨、王存善、沈敦和及华大班谢纶辉等人,要他们吸取当年庚子年间京津分行亏损的教训,随时随地保持联系,"互通声气,无论有事无事,总董必须每日到行视事",在业务上采取妥慎方针,"设法保全通商"银行,赶紧催收放款,速将刘长荫、萧公烽、信大庄协和公司、黄绩记、裕泰纱厂"等放款较巨的厂家设法紧催,为金蝉脱壳之计",以防坏帐、烂帐;压缩对钱庄的拆放款,"以保通商头等名誉"。指示顾咏铨将他存在通商银行内的招商局股银 25 万两、住宅、地产价银 25 万两,又汉冶萍股份银 40 万元票为抵押,为他向日本正金银

沈敦和

行押借 50 万元,以备"不时之需"。必要时,与外商接洽,将通商房基暂行抵押出去,以躲避风险。

---

①　汪敬虞:《中国近代工业史资料》第二辑(下册),第 1028、1031—1032 页。

武昌起义爆发后,10 月 13 日,江西独立。萍乡煤矿工人举行罢工。盛宣怀闻悉"萍乡告急",急电通商银行派人前往江宁造币厂雇用日清公司轮船,装运新币送往萍乡,以救萍乡"危局"。同月 26 日,清政府为了挽救自己灭亡的命运,将盛宣怀当作替罪羊,将他"革职永不叙用"。效忠清室的资政院和御史们又建议将他"明正典刑",加以处死。盛宣怀秘密地向各国驻华公使馆求救。英、美、日、德等国公使向内阁总理大臣奕劻提出抗议,奕劻向四国公使保证不再对盛氏加罪,并允许他离京出走。这样,盛宣怀就在被革职的第二天深夜,在四国公使武装卫队的护送和英、美使馆汉文参赞的陪同下辗转逃往天津、青岛、大连,12 月逃到日本神户。离京前夕,盛氏担心通商银行北京分行价值 10 万元的房产被清政府没收,以 7.5 万两抵押给外商,房内家什则委托日人实相寺妥为照料。担心清政府没收上海外滩通商银行总行房屋地基,要洋大班马歇尔将其抵押给外商。根据盛的指示,马歇尔曾派钦其宝与上海某美商接洽数次,终因上海不久独立,抵押一事未成现实。

逃亡日本的盛宣怀,喘息未定,仍不忘对通商银行的遥控。11 月上海独立后,沪军都督府立即查封了大清银行和交通银行,由于盛宣怀是通商银行"督办",外间扬言即将查封通商。总行董事们也非常担心这些,经过紧急磋商,采取了先发制人的应对措施,登报声明通商银行系商办,并非官办,权力属于全体股东。从前虽领存官款,但早已还清,与清政府没有关系。

通商银行登报声明发表后,虽一时阻止了沪军都督府的查封接管,但却引发了意外一件事——更改英文行名。声明发表后,有人指责既为商办,为何钞票上英文行名为"中华帝国银行",似与清政府有关。这又使通商总董们着了慌。通商银行本来取意"通商惠工",但在创办时特将英文行名译为"中华帝国银行",意思就是中国银行。通商银行北京分行、香港分行和天津银行干脆译为"中国银行",好在当时中国只此通商一家,所以人们都能理解就是指通商银行。现在既有人指出,于是在广大股东的要求下,再次登报,声明将钞票上英文行名改为"中华商业银行",在钞票上用双条墨线将"帝国"两字删去,加盖"商业"二字。通商银行更名之举引起沪军都督府都督陈其美的注意,行文通商银行,将派代表与华大班共同管理帐目,以后更易行名和用人行政均归都督府财政总长节制。银行总董接到沪军都督府来文后,连夜召开紧急会议,商量对策。一致决议致函都督府:一、通商银行系属完全商业性质,请都督府不必干预;二、召开股东大会,公举总董以合商股商办性质,在股东大会未正式召开前,银行的用人行政一任本行董事公议,不必听诸都督府的命令。但银行总董的复文并未能阻止都督府的干预。都督府不久正式派代表来行调查帐目,并立即查出度支部币制局存在该行的购铜款 60 万两。还在 1909 年,清政府实行币制改革,试图统一全国的货币,当时盛宣怀任度支部大臣,兼任"帮办度支部币制事宜"。在盛的主持下,1911 年 1 月,清政府从美、英、德、法借到"币制实业"款 1000 万镑。同年 4 月,盛宣怀指示通商银行总董副大班顾咏铨同日本商人高木六郎洽商,购买日本生铜,同时拨出 120 万两币制借款存于通商银行作为购铜费用。武昌起义爆发前,盛宣怀将这 120 万两中的 30 万拨存上海道库。另外顾咏铨又开出 30 万两支票给上海日本正金银行,作为第一批购铜款。支票虽已开出,但还未付现。实际上度支部存在通商银行的购铜款为 90 万两。所以,都督府只查出 60 万两。盛宣怀罢官逃亡日本前,曾打电报给顾咏铨,以南北大乱,铜一时无法交货,要他与高木相商,暂缓 6 个月,而将此款暂济汉冶萍之危急。但高木不愿开罪革命党人,而汉冶萍也不需要这么多,于是盛宣怀要高木"仍以铜价名义拨存正金,以后再行动用"。盛宣怀在日本得知此款被都督府查没后,电请日本驻沪领事出面干预,但驻沪日本领事因此款原属公款,不肯干预,结果高木未能照盛宣怀的意图去做,所以 60 万两(实际是 90 万两)购铜款仍存在通商银行内。沪军都督府查出 60 万两后,因当时都督府财政困难,要求通商立即提现,交都督府使用。盛宣怀眼看正金不愿,又急电通商银行华大班、英人马歇尔,要他守住这笔购铜款,"不令交出"。但在沪军都督府的严厉"讨索"下,通商银行最终被迫交出 30 万两给都督府,另 30 万两因早已被通商银行当作钞票使用,无法拿出来。直到此时,通商银行所存清朝度支部币制局购铜款同沪军都督府的交涉才告结束。此后沪军都督府再也未干预通商银行用人行政以及业务活动。之所以这样,还与当时上海华商总商会领导如朱佩珍等以及都督府有关领导人如李钟珏(平书)等为通商银行董事有关,都督府中不少人在通商银行有存款,该行与他们利益相关,所以也不赞同都督府查封该行,通商总算逃过一劫。

李平书

辛亥革命前,招商局因内部人事纷纭,营运逐年呈下滑之势。辛亥革命的战事主要集中于长江流域,而武汉地区尤为激烈。而这一带,正是轮船招商局航运中心,南北交战期间,因长江封锁,沿江沿河小轮停驶,因此营业锐减,所受损失极为惨重。为了派发股票股息,招商局不得不于1911年、1912年将所购通商银行股票80万两作为股息分配给股东,而电报局所认购的20万两通商股票也早在1898年就作为电报局股息搭放出去。这样的结果,就使通商银行股票分散到众多的工商业者和中小官吏、绅士手中,使股东人数大为增加。仅1911年6月,换发新股票者的银数即达40万两,1912年换发新股票者的银数达30万两。到是年4月底更换股票1万张,其中换名过户的商股新股东有1246户,拥有通商银行股票8706股,约占通商银行股本的40%以上。到1912年底,新老股东达1591户。由于商股比重增加,该行性质已明显发生变化,已具有民族资本性质。

与股东构成发生变化的同时,辛亥以后通商银行管理层也发生了重大变化。由于清朝被推翻,盛宣怀倒台失势,他的银行"督办"一职无形中被取消。而旧有总行董事中,张振勋早于1904年就已辞职,而叶成忠、严信厚、严潆、刘学询等也早已相继去世。顾咏铨、王存善都是盛宣怀的亲信和旧人,随着盛氏的倒台,他们在行内已不能发号施令。1912年10月,盛宣怀回到上海,顾咏铨等曾以盛宣怀在银行中股本最多为由,要求让盛氏担任总行董事,但不为其他董事所支持,他们担心盛宣怀继续操控通商银行,有碍通商银行声名和业务,所以坚决不同意。股东们强烈要求召开股东大会,选举新的董事。1913年2月,香港地区的股东致函盛宣怀和银行总董,以"今时移事易,自应按照商律完全商办"。同年4月,通商银行正式举行第一次股东代表大会,参加大会的代表多为江浙沪地区的股东,其他地区的股东代表甚少。大会由股东代表"投票选举"董事,"商量改良一切",成立新的董事会。选举结果,除了现任总董外,又增补了严义彬、周晋镳、朱宝奎、傅筱庵(代表招商局)等人为新的总董,不久又增补盛艾臣为副总董、谢光甫(谢纶辉之子)为总行副大班。新的总行董事班子实际以招商局为背景的傅筱庵等为首。此时,通商银行已成为一家纯商业银行,进入所谓的"商办"时期。

盛宣怀自日本回国后,一直住在上海英租界的家中。他本患有咯血和肝疾,加上辛亥革命期间担惊受怕,身体健康每况愈下,袁世凯本与他都是李鸿章的手下,但两人因争权夺利,结怨甚深。袁氏当上民国总统后,仍与他过不去,他终日郁闷,遂于1916年4月病逝于沪上。盛氏死后,前清遗老遗少都把清朝灭亡归咎于他,说若不是他主张"铁路国有",不至于有保路运动发生,更不会有辛亥之变。公开骂他是个"巨贪",是"国家的罪人"。清朝的灭亡自有其原因,但归咎于某一个大臣似乎并不完全符合历史事实。盛宣怀贪赎成性,化公为私,聚敛国家财富为己有是个不争的事实。但若将其放在近代中国史上来评价,自当有其推动社会进步的一面,他一生所经营的企事业实际上是西方冲击中国反映的一个缩影,具有开拓创新的意义和日后借鉴参考的重要价值。评价他不仅要看他说了什么,更要看他做了什么,是否超越前人,启迪后人,遗泽后世。如果是这样来看他,对他的评价正如前面援引章士钊先生评价的那样,较为客观公正。

中国通商银行在上海,现址为中山东一路 6 号

　　1916 年盛宣怀去世后,通商银行领导权遂落入傅筱庵手中。此后又经历了北洋军阀统治和南京国民政府两个时期。1949 年新中国成立后,通商银行业务纳入上海市人民银行系统。1952 年金融改革,该行并入中国人民银行上海市分行(即今天的中国工商银行上海市分行),从此结束了它 50 多年的艰难历程。

第二章　傅筱庵与通商银行

　　1914 年通商银行举行了自开办以来的第一次股东代表大会，股东主要来自江浙沪地区，其他省区的代表很少。会上"公举"了新的董事，除了原有的董事、大班外，又新增了傅筱庵。王存善去世后，顾咏铨由副大班升任总行董事兼大班，1915 年又增补了盛宣怀的儿子盛艾臣。从形式上说，通商银行已是"权归总董"了，但明眼人一看就知道，幕后操纵行务的仍旧是盛宣怀。直到次年盛宣怀去世，这种情况才开始改变，一个不为众人所知的洋行买办居然继盛宣怀之后，经管通商银行长达 20 多年，他不是别人，就是傅筱庵。

第一节　左右逢源，当上银行经理

傅筱庵 1

　　傅筱庵，字宗耀，浙江镇海（今属宁波市）人。曾任上海长利、美兴洋行买办。辛亥革命期间，傅因熟悉上海的豪门富家底细，为沪军都督府都督陈其美筹划军饷，受到陈的赏识，攫取了江海关清理处负责人的要职，发了一笔财。他惯于奉承拍马，又投进盛氏（宣怀）家门，陈猷去世后，他因继任招商局商股董事这一职务，在 1916 年被选为通商银行议董（即议事总董）。盛宣怀去世后，傅用笼络、打击和排挤等手法，巩固和加强自己在通商银行的地位。1919 年1 月，洋大班马歇尔因业务失职，被停止职务，此后银行内部全部事宜统归华大班。同年华大班谢纶辉、副华大班顾咏铨相继病故。总行董事会议"公举"傅为通商银行华经理，规定："嗣后凡关于存放、借贷、抵押各款及进出利息均须先经董事兼大班傅筱庵君许可方可照行。"（《银行总董会议纪录》民国九年四月初九日）这一规定，无疑就是将银行管理权交给傅筱庵。同年6月，马歇尔回国，此后"一切事务由傅君经手"。这样，傅筱庵继盛宣怀之后，成为通商银行第二个实际掌门人，通商银行自此进入了傅筱庵管理的时代。

和其他私家银行一样，进入民国以后，通商银行的经营出现了一股上升的势头，连续多年，营业收付两抵，多有盈余。1913年6月，通商银行公积已达80万两，亏损尚剩20万两有零。同年底，公积增至90万两。到次年6月结算，不但亏损全部弥清，而且还出现盈余。同年，银行股息由6厘恢复到8厘。傅筱庵主持行务后，通商银行业务继续呈上升趋势。1919年底，除了发放10万两股息外，收付两抵，尚结余银17万两，这是自银行开办以来获利最多的一年。为了讨好股东，扩大影响，吸引存款，傅氏又决定1920年的股息由8厘改为1分。1921年下半年的股息再增至1分2厘。此后曾一度连续三年每股息银息增至2两，股东欣喜雀跃，社会反响强烈，傅氏的名声也随之大增。通商银行在这一时期业务呈现了年盛一年的景象，历届帐略均呈现盈余。到1921年底，通商银行公积已达76万两。

随着经营的顺兴，盈余的增加，银行营业活动的范围也日渐扩大。1919年，设立宁波分行。次年2月，在市区天潼庵设立虹口分行；在南市民国路设立南市支行，"专收储蓄存款"。1922年，通商银行总行迁至外滩七号半大楼（今东风饭店）。1926年，设立定海支行。1933、1934年，又陆续开设汉口支行、南京支行、苏州分行和厦门分行、上海市区爱多利亚路支行。

1916年2月—1923年7月通商银行历届帐略简表

单位：两

时　　间	届数	股息率	发放数	收支两抵盈欠情况	公积
1916年2—7月	38	8厘	10万	不详	不详
1916年8—1917年1月	39	8厘	10万	不详	1099522.37
1917年2—7月	40	8厘	10万	余1410496.11	1140018.48
1917年8—1918年1月	41	2两	25万	余124836.14	1164854.62
1918年2—7月	42	2两	25万	余129679.73	1194534.35
1918年8—1919年1月	43	2两	25万	余120529.27	1215053.62
1919年2—7月	44	8厘	10万	余130015.86	1245069.48
1919年8—1920年1月	45	1分	12.5万	余170210	1290279.48
1920年2—7月	46	1分	12.5万	余225508.5	1390787.48

时　　间	届数	股息率	发放数	收支两抵盈欠情况	公积
1920 年 8—1921 年 1 月	47	1 分 2 厘	15 万	余 383662.5	1624149.98
1921 年 2—7 月	48	1 分 2 厘	15 万	余 243411.6	1717561.58
1921 年 8—1922 年 1 月	49	1 分 2 厘	15 万	余 206721.88	1774283.36
1922 年 2—7 月	50	1 分 2 厘	15 万	余 186297.21	1810580.57
1922 年 8—1923 年 1 月	51	1 分 2 厘	15 万	余 177573.87	1836154.44
1923 年 2—7 月	52	1 分	12.5 万	余 143852.54	1855006.98

注：每届余款指扣除利息后的款数。本表主要依据上海人民银行金融研究室的有关统计数据。本表旨在说明在 1924 年国民革命前通商银行在傅筱庵经营时的营业状况。1924 年后，时局动荡，傅筱庵卷入这场革命，支持孙传芳，1927 年遭国民政府北伐军通缉，通商银行再也无法正常经营，并随之发生银行命运的转折。

民国初年，通商银行经营状况的顺利，并非是傅筱庵有什么超凡的本领，而是与当时国内外形势以及通商银行内部人事变动等多种因素有关。

首先，从国内来说，辛亥革命推翻了封建君主专制，新生的中华民国南京临时政府及稍后的北京政府颁发了一系列经济法令法规，奖励工商发展，鼓励创造发明，张謇任农商总长期间，曾采取一系列措施，刺激人们投资和兴办实业的兴趣和热情，在一定程度上助推了民族工商业的发展。根据杨铨在《五十年来中国之工业》一书中的统计，1911 年全国新设立的注册工厂有 18 家，1912 年为 17 家，1913 年为 37 家，1914 年为 37 家，1915 年为 50 家。这些新增设的工厂加起来比前清时的工厂总和还要多。与民族工商业的蓬勃发展的同时，对资金的需求和存款的增加，带来了金融业的新景象。

其次，辛亥革命期间，许多前清达官显贵和长江沿岸各省的绅富为了躲避战火，纷纷挟赀携眷逃往上海租界内，他们除把大部分资产存入外国在华银行外，还将其中一部分存入上海的本国银行内，这也是通商银行这一时期存款逐年增加的原因。

第三，这一时期正处于第一次世界大战时期。大战前夕和大战期间，西方列强正忙于战争准备和火拼厮杀，一时无暇顾及东方，暂时放松了对中国的压迫，使中国民族工商业的发展获得短暂喘息的机会。战争期间，列强经济都转向战时体制，大力从事军火生产，减少对殖民地半殖民地国家的商品输出，反之，由于忙于交战，对某些轻工业品的需求不得不依赖国外输入,尤其是从殖民地半殖民地国家进口,这就大大刺激了中国民族工业品的出口。进口商品的减少和出口商品的增加,加速了民族工商业的发展。"提倡国货之声,几于三尺童子皆知。"大战结束后,各国处于恢复创伤阶段,还来不及卷土重来,甚至还需依赖中国的进口,这就使中国民族工商业得以继续发展,"工厂制造有应接不暇之势,而自制之品也日出日多"。(1915 年 5 月 19 日《时报》)经济的繁荣,引起金融业的活跃。1914—1922 年间,新设银行达 122 家。新银行的增设固然与北京政府的贷款及公债发行有关,但也说明这一时期社会资金有了一定的积累,为工业的发展提供了需要。1919 年,包括通商银行在内的 18 家银行,放款总额为 34400 万元和 1100 万两,如果按百分之十用于工业放款来估算的话,至少有 300 多万元和 10 多万两投资于工业。这些都是中国的民族工商业和金融业得到发展的明证。

第四,与华大班谢纶辉的努力分不开。1905 年华大班陈淦去世后,继任华大班的是素有名望的上海北市钱庄经理谢纶辉。谢氏为人不卑不亢,办事谨慎妥实,由于他的努力,通商银行不仅弥清全部行亏,而且自 1914 年起扭亏为盈,收付两抵,出现盈余。而且公积逐年增加。民初十多年通商银行经营的良好局面,实际应归功于他,傅筱庵不过是坐享其成而已。1918 年,谢纶辉因病请辞,总董表示:"谢大班当年进本行担任办事,实为补救危局,今十数年来,股本甫经恢复,实与本行有存亡关系,万无准其告退之理。"[①]1919 年 4 月,谢纶辉去世,总董会议一致决定聘请他的儿子谢光甫为副大班,以示对他为通商银行所作贡献的补偿。

第五,1917 年,上海的外国银行成立银行公会(俗称外国银行公会),以统一和协调各国对华金融侵略活动。由于通商银行同外国银行有数十年"交往",破例被接纳入会。因有这层关系,从此通商银行在业务方面,特别是票据的汇划流通,算是正式得到外国银行的承认,这在客观上对通商银行的业务活动的拓展起了一定的作用。

辛亥以后,通商银行旧有总董、大班中能办事的,如王存善、顾咏铨、沈敦和、谢纶辉等先后谢世,总董严潆也于 1921 年因病辞去总董职务,后于 1923 年去世。老成凋谢,总行办事乏人。傅筱庵趁机先后将自己的心腹王心贯和当时上海总商会会长方椒白安插到通商银行,借以加强对通商银行的控制。人事上的这些变化,直接造成了傅筱庵对通商银行一统指挥的局面。

---

① 《银行总董会议纪录》(民国七年三月二十七日)。

1927—1931 年通商银行营业报告

单位:规银万两

年份	股本	通用钞票	历届存余	本届净利	各项息金发放	收付两抵余存
1927 年	250	132.6895	195.312965	10.599413	10 (股息)	195.912378
1928 年	250	155.1901	196.5493	10.1502	10 (股息)	196.699577
1929 年	250	276.3941	197.145457	8.31178	108.247108	1420.205803
1930 年	500	347.9014	197.4965	10.094175	182.358695	2460.380564
1931 年	500	719.803538	197.732522	10.120729	166.234410	3762.088363

资料来源:本表依据徐寄庼《最近上海金融史》第 235—240 页编制

通商银行 1921—1930 年(民国十年至民国十九年)资产表

单位:千元。"/"为 500 元以下

年份	库存现金	各项放款	有价证券	分行资本	营业用器具	本年上期纯业	总计
1921 年	1472	11006	/	130	34	150	12792
1922 年	1282	9495	/	130	30	150	11087
1923 年	1634	8774	/	230	28	125	10791
1924 年	2111	9834	/	230	24	125	12324
1925 年	3290	10326	/	230	16	100	12963
1926 年	2268	11918	/	230	10	100	14526
1927 年	1245	10365	/	230	4	100	11943
1928 年	1137	10782	/	230	3	100	12352
1929 年	2242	11727	/	230	3	100	14302
1930 年	2136	18341	1590	/	37	100	23204

资料来源:本表依据《申报年鉴》(民国十年至民国十九年)编制。原表注有:"本表数字概以下期报告为准,而另行加入本年上期纯益一项。"

通商银行 1921—1930 年(民国十年至民国十九年)负债表

单位:千元

年份	实收股本	公积金和历届盈余	各项存款	发行总换券	全年总纯业	总计
1921 年	2500	1624	7146	1071	450	12792
1922 年	2500	1775	5184	1266	362	11087
1923 年	2500	1836	4997	1157	301	10791

（续表）

年份	实收股本	公积金和历届盈余	各项存款	发行总换券	全年总纯业	总计
1924 年	2500	1887	6397	1302	238	12324
1925 年	2500	1906	7689	1660	212	13963
1926 年	2500	1912	7689	2009	235	14526
1927 年	2500	1947	5957	1327	212	11943
1928 年	2500	1959	6033	1552	208	12252
1929 年	2500	1961	6884	2763	188	14302
1930 年	2500	1973	14049	3479	203	23204

资料来源：本表依据《申报年鉴》民国二十二年《金融》第137页编制

第二节 投靠北洋军阀，承购公债大发其财

傅筱庵任通商银行总经理的二十年间，正是北洋军阀统治时期，因此通商银行在这一时期放款的对象主要是北洋军阀政府。北洋军阀政府为了筹措内战经费，就大量发行公债，以公债作抵，向国内银行借款。这种借款因为数目大，折扣多，利息高，对银行具有极大的诱惑力。傅筱庵为了巩固自己的地位，加紧投靠北洋军阀，同时也是为了贪图厚利，不惜甘冒风险，大量承购北洋军阀政府的公债，向北洋军阀进行贷款。1921年4月，北洋海军因军费支绌，海军人员薪饷无着，不得已向通商银行央求借贷，傅筱庵"迫以公谊，不揣绵力，借银25万元"。1921年，北洋军阀政府用公债作抵押，向通商银行借贷款达300万元，这个数目几乎是通商银行存款和发行钞票总数的三分之一。北洋军阀政府发行十年公债1000万元，以北京崇文门税收作抵，由于信用较差，不能畅销。于是北洋军阀政府财政部派人来沪，找到傅筱庵，答以一分五厘的高利息，傅筱庵见利心动，于是慷慨承购100万元。可是后来债票到期，北洋军阀政府无法偿还这笔借款，不得已又用增加盐余公债和九六盐余公债券作抵。1927年北洋军阀政府垮台，这笔巨额借款的归款也就无形中落空。1921年通商银行还承购北洋政府交通部发行的短期车辆公债5万元。此外，还采用化名，向北洋军阀政府进行贷款，1921年曾用元记公司名义，借给北洋军阀政府200万元，即是一例。通商银行在傅筱庵的把持下，对北洋军阀政府进行大量贷款，客观上支持了北洋军阀的统治。

1925年，中国国内形势发生了巨大的变化。同年，广东国民政府誓师

北伐。11月,直系军阀孙传芳为了抵制国民革命军北伐,进兵上海。傅筱庵因害怕革命,拼命投靠孙传芳。除了用招商局船只为孙传芳装运军火和运送军队阻挠北伐军外,还拨用通商银行资金资助孙传芳屠杀人民。由于有孙传芳的支持,他取代了虞洽卿,当上第六届上海总商会会长。1927年3月,国民革命军北伐军击败孙传芳的军队,中共领导上海工人发动第三次武装起义,成功占领上海。国民革命军下令通缉傅筱庵,傅匆忙逃往大连。

在北伐军兵临上海城前夕,因傅氏支持孙传芳,遭到北伐军通缉,一时市面谣言四起,说通商银行将有大变,于是持有通商银行钞票者纷纷拥至通商银行总行营业部要求兑换,结果发生了通商史上第二次挤兑风潮。不过,这次挤兑风潮同1903年发生的挤兑风潮不同,由于银行库存现金充足,所以兑换裕如。经过这次挤兑风潮,通商银行的信誉不但未降,反而上升。但终因傅筱庵敌视国民革命,银行被卷入政治斗争漩涡,遇到了极大的麻烦,此事直接影响了通商银行日后的命运。

第三节　感恩图报,将杜月笙等拉入通商

傅筱庵逃到大连后,通商银行的总经理名义上是谢纶辉的儿子谢光甫,实际上大权掌握在傅的心腹王心贯的手里,王氏不时用通讯的方式向傅氏请示。因时局的关系,通商银行这一时期的业务只能是勉强维持。还在傅筱庵掌管通商银行时,就与杜月笙、张啸林等一帮"海上闻人"素有往来,傅氏逃到大连后,经由杜、张等人从中调解,虞洽卿改变了原先要报复傅氏的

傅筱庵 2

念头,表示愿意抛弃前嫌,不再与傅算旧帐。1932年经傅氏同意,由王心贯出面拉拢,杜月笙、张啸林和曾任国民革命军北伐军司令部经理处处长徐梓(圣禅)及军政部军需署署长朱孔阳(字守梅,号耐寒)等先后在通商银行"加入"了股份,经由他们出面,向南京国民政府要人疏通,南京国民政府最终撤销了对傅氏的通缉令。傅氏从大连重新回到上海。

傅筱庵对杜月笙的帮忙,心怀感激,亟图报答。正好此时卢少棠因为赌

博，输了数十万，迫于无奈，决定出售自己经营的华丰面粉厂，杜月笙有心收购。而另一个银行家国华银行的唐寿民，也有着跟傅筱庵相同的报答杜氏的心理。有这两个银行家的交情，筹款没有问题，最终以 109 万元成交。当杜氏向傅氏谈这件事时，傅氏一口答应："你需要多少钱，中国通商可以低利贷放。"杜就这样把华丰面粉厂弄到手，当上了该厂董事长，把势力伸进了工商界。

1932 年 5 月，在傅筱庵的主持下，通商银行召开了第二届股东代表大会，将银行开办时的实收股本银 250 万两，以每两为 1.4 元折算，将股本改为 250 万元。6 月，董事会改组。董事中，除了傅筱庵、王心贯、谢光甫、徐冠南、朱子奎外，又新增了徐桴、朱孔阳、杜月笙、张啸林等人，傅筱庵继任董事长，徐桴、谢光甫等任副董事长。同时，成立总管理处。总董人事的变化，表明傅筱庵已将通商银行作为效忠南京国民政府的工具，通商银行此后遂落入国民党官僚资本手中。

南京国民政府成立后，继续北伐，于次年占领北京，北洋军阀统治宣告结束。此后，南京国民政府推行实业建设。在这一背景下，从 1927 年到 1935 年间，通商银行的业务仍呈现继续上升的趋势。自 1929 年起，通商银行的业务开始大幅回升。以存款为例，1929 年为 780 万元，1930 年为 1635 万元，1934 年为 3100 万元。为了吸收更多的存款和扩大业务范围，除了原有的宁波、定海两支行外，在这一阶段又增设了苏州、厦门、汉口等分行。通商银行这一时期业务较顺、存款大增，与下列原因有关：一、政治军事上，在北伐战争中，不少大小军阀、官僚、政客为躲避战火，寻求安全，携带他们平日搜括得来的大量财富逃入租界，除了一部分用来挥霍外，将大部分存入本国银行和外国银行。1927 年大革命失败后，中国共产党开展土地革命，国民党为了消灭共产党，先后对革命根据地发动五次反革命围剿。围剿造成农村破产，商业萧条，人口大量流向城镇。许多官僚、地主、商人逃往上海等大中城市，他们也将平时剥削所得一部分存入本国银行。这样就造成一时银行存款"激增"。二、1927 年后，南京国民政府为实现孙中山的"民生主义"，开展实业建设。一时民族品牌的工商企业有如雨后春笋般涌现出来。到 1935 年，仅在上海社会局登记注册的工商企业即达 500 多家。工业的发展，带动了对资金的需求和存款的增加，为银行提供更多间歇资金，使银行存款大幅增加。

发行货币是增加银行利润的一个重要手段。1932 年傅筱庵回到上海后，通过南京国民政府财政部次长徐堪的门路，为通商银行争取到增发银行钞票的权利。到 1935 年,通商银行发行的钞票额高达 2861 万元,实际流通额为 2709 万元,流通地区除上海地区外,已扩展到苏、浙、闽、鄂等十多个大中城市。流动钞票中有 1100 万元就是由通商银行各地分行和支行发行的。另外的 1600 多万元则是通过上海和其他地区的 100 多家行庄如中华、信通、恒隆等,采用领用制的办法投向市场的。这些庄行根据领用钞票的多少,交存现金准备和保证金。

随着存款的增加和钞票流通、使用范围的扩大,银行对工商企业的放款也随之相应增长。1929 年的放款余额为 1350 万元,1934 年为 3057 万元,1935 年为 2228 万元。这些巨额放款当然不是全部放给工商企业和钱庄、票号,其中大部分贷给政府和其他工矿交通企业,诸如汉冶萍公司、招商局、长兴煤矿公司、江南造船厂等。这些企业有些是营利的,有些是非生产性和非营利的。有些放款根本无法收回。如当年的北洋政府借款,到 1935 年帐上还拖欠 230 万元,北洋政府早已垮台,到哪里去收款? 有些企业如招商局虽是生产单位,但在列强经济侵略压迫下,加上国内频繁战乱,营业一直亏损。1929 年后世界经济不景气,在华外轮公司与招商局竞争激烈。北洋军阀混战中,动辄扣留局船运送军队军火,或搭乘不肯付钱。1926 年孙传芳强征该局江轮 9 艘运送军队,使江航一时中断,造成招商局 1926、1927 年两年共亏银 400 多万两。1927 年该局只得以营口、宜昌、汉口、南京、广州、香港六处产业作抵,向上海十多家行庄押借 275 万元,其中通商银行 60 万元。稍后船局业务虽有转机,但亏损情况始终未能改变,所欠通商钱款一直无法偿还。直到 1937 年“八一三”淞沪抗战爆发,招商局仍结欠通商银行 200 万元。又如江南造船厂,到 1927 年 2 月共积欠通商银行 287 万元。到 1948年,汉冶萍公司累计结欠通商银行银 18 万两。长兴煤矿公司原本是民族资本家钟仰贻开办的一家煤矿股份公司,因经营不善,一直亏损,1918 年由虞洽卿和通商银行总董朱佩珍担保,向通商银行押借 80 万元。但在军阀混战的时局下,无法正常生产,所贷通商银行款项无法偿还,到 1935 年,连本带息合计,该公司历年积欠通商银行 170 万元。截至 1935 年,仅招商局、汉冶萍公司、江南造船厂、长兴煤矿公司、北洋政府财政部、通和洋行、汉口裕源银号等 26 家单位共积欠通商银行 1276 万元,成为通商银行在这一时期的呆帐户。除了这些工矿企业借款长期拖欠不还外,私人拖欠行款久久不还的事同样存在。截至 1937 年“八一三”抗战前夕,私人借贷拖欠未还的,杜月笙 24 万元,张啸林 6 万元,虞洽卿 6 万元,方椒伯 40 万元,戴生昌 9 万元,洪雁宾 6 万元。杜、张都是“海上闻人”,与虞、方等人一样,均有国民党的背景,且当年救过傅筱庵,当然不便追讨。他们对通商的借款,与其说是借,不如说是勒索,傅氏正需借他们的权势,巩固自己的地位,为银行撑门面,当然也就不会去追讨了。

这里不妨以1932年通商银行营业报告为例,说明通商银行当时的经营状况。

1932年(民国二十一年)通商银行营业报告书(截至本年十二月三十一日止)

单位:元

负债资产表		资　　产		损失计算	
股本总额	7000000	未交股本	3500000	佣金	34.57
呆帐准备金	247616.26	储蓄部资本	500000	各项开支	327559.01
未付股利	203834.44	各种放款	21039962.59	摊提开办费	2950.10
各种存款	1529829.99	兑换券准备金	11276873	摊提生财	2360.17
透支同业	40453.91	联合单证	833000	摊提呆帐	2518.68
储蓄部往来	4628817.57	预付券税	25345.61	本期纯益(下期)	141778.20
汇出汇款	3420.90	托收款项	1400	合计	477200.73
应解汇款	10682.33	存出保证金	1658070		
代收款项	1400.00	购入票据	55400		
转放款项	1730558.18	证券购置	1906787.94	利益计算	
卖出期证券	40109.84	期收款项	161781.14	利息	376483.27
本票	306168.82	本票暂记	18648.73	汇水	2007.43
发行兑换券	11276873	应收未收利息	1701844.76	手续费	77657.97
领券保证金	7645716.44	房地产	445857.48	证券损益	1691.69
存入保证金	2053427.94	生财	101147.80	兑换	17276.89
应付未付利息	338303.25	押租	4341.25	票贴	1833.78
转充联合准备金	833000	开办费	109544.79	合计	477200.73
历年盈余	739795.81	兑换券印铸费	305519.29		
本期纯益(下期)	141778.20	现金	1249704.50		
合计	52540238.88	合计	52540348.88		

资料来源:本表依据徐寄庼《最近上海金融史》第47页附刊编制

附：通商银行储蓄部 1932 年（民国二十一年）年度营业报告

单位：元

负债		资产		损失计算		利益计算	
资　本	500000	抵押放款	111125.00	兑　换	557.88	利　息	9395.42
公积金	1321.7	证券购置	862630.74	各项开支	6530.21	手续费	10.70
（特别）公积金	4758.1	总分行往来	462887	本期纯益（下期）	2319.33	杂损费	1.30
填补损失准备金	594.79	暂时欠款	1206.37	合　计	9407.42	合　计	9407.42
活期存款	1949586.75	放款同业	15247.76				
整存整取存款	197238.20	应收未收利息	4893.96				
零存整取存款	907755.61	买入期证券	9084.08				
整存零付存款	1439695.67	现　金	1621.6				
存本取息存款	499481.09	合　计	5634627.34				
应付未付利息	116585.11						
期付款项	9084.08						
暂时存款	6.37						
行员储蓄金	6200.37						
本期纯益（下期）	2319.33						
合　计	5634627.34						

资料来源：本表依据徐寄庼《最近上海金融史》附刊第 49—50 页编制

1933—1934 年(民国二十二年至二十三年)通商银行营业表

单位:万元

年份	实收资本	公积金	现金	存款	放款	有价证券	纯益	资产总额
1933 年	350	25.6014	202.1607	1986.9375	2489.8544	121.2849	14.4516	6472.7693
1934 年	350	24.7369	360.5613	221.5897	2865.4353	104.3430	14.2798	8986.1335

资料来源:本表依据民国二十四年《申报年鉴》编制

第四节 债台高筑,在"币制改革"中失去银行董事长职位

银行呆帐数目如此庞大,直接对银行经营构成巨大风险。尽管如此,傅筱庵仍全然不顾。为了争取更多存款,通商银行不惜用提高存款利率的办法来吸引存户。1935—1936 年通商银行存款利率为 7%至 9%,少数为 11%。这个利率都远远超过了当时的其他行、庄的利率。存款利率增高,可以由银行自己决定,但放款利率却受到市场严格限制,当时市场放款利息一般为 8%至 12%,通商银行存放款利率相差不多,银行几乎无利可得。加上开设多处分行,机构庞大,人手众多,开销很大,银行非但无盈利可言,反而出现亏空。1935 年上半年,通商银行帐面盈余 13 万元,而开支却为 40 万元,若加上 10 万元股息,实际亏 37 万元。这些亏损相当一部分与傅筱庵办事作风有关。同盛宣怀任督办时相比较,盛氏是精打细算,事事计较,而傅氏大手大脚,设宴请客,热衷于与官场打交道,很少过问行务。由于他的不专注,以致在他任上,通商银行多次发生分行舞弊事件。如苏州分行经理卢少棠、卢炳生父子侵挪行款 39 万元的亏空事件,定海支行郑海小、厦门分行黄钦书等亏空行款 6 万元的事件。

通商银行虽然亏空严重,负债多于资金,但傅筱庵为了装点门面,欺骗社会,竟于 1934 年在江西路福州路口建造了一座高达 17 层的营业大楼(即今上海市公安局、上海市国家安全局办公楼),由于工程浩大,资金亏欠 200 多万元,以致无法建成。后经杜月笙周旋,以 150 万元低价转售给顾诒谷,其后又转手胡以庸(梅庵),胡氏再转让给宋子文的中国建设银公司。为时不久,宋子文令通商银行承购国民政府财政部委托中国建设银公司推销的卷烟印花税票 160 万元,就这样轻松地将这笔巨款收了回去。到 1937 年全面抗战爆发,中国建设银公司仍拖欠通商 50 万元。正如当时有人说,这座

豪华大楼"犹如老母鸡变鸭，拱手让给了豪门"，被四大家族夺了去。

在傅筱庵任总经理（后改董事长）时，中国第一家银行——通商银行行务废弛，几乎被弄到濒临破产的地步。1935年上海发生白银风潮，在这一风潮中，通商银行最终落到四大家族手里，银行董事长也由傅筱庵变为杜月笙。通商银行从此由所谓的商办时期进入了所谓的官商合办时期。关于傅筱庵如何失去通商银行，当时有人写了一篇《傅筱庵马失前蹄记》长文，详细地叙述了此事的全过程，现不妨摘录于此：

　　光绪二十三年由盛宣怀创办的通商银行是我国最早的一家银行，盛死后，此银行一直由傅筱庵掌管。可是从民国二十四年起，外国报章杂志提到杜月笙，每每以"银行家""中国通商银行董事长杜月笙"。其第一个头衔，顺手拈来两个例子：美国人1933年出版的《名人录》即曾载有：杜月笙，生于1887年，上海人，自幼从商，目前是上海法租界最有权势的居民，是著名的慈善家，1932年被任命为法租界公董局华董。他又是中国通商银行、中汇银行董事长，正始中学创办人，上海急诊医院董事长、商会监事，华丰造纸公司、纱布交易所、大达轮船公司、宁波仁湾医院董事长。中国通商银行怎么会从傅筱庵手中移转到杜月笙手中呢？还得从民国二十二年废两改元和民国二十四年实施法币政策这两件在黄浦滩上以至全国各地的惊骇风浪说起。

　　1927年国民党统一中国。1930年世界经济恐慌，英、美、日等各国相继改革币制，实行英镑、美元、日元贬值，借以渡过难关。反观我国刚在民国二十二年大力推行废两改元政策，恰值国际银价步步高升，于是从1934—1935年白银外流净值竟达93700万元，国家经济受不了这么重大打击，于是通货紧缩，物价大跌，百业萧条而产业濒危。国民政府迫不得已于1935年11月4日，采取断然措施，停止使用银本位，采行"无限制法偿通货管理制度"，实施"法币政策"。规定法币发行按十足准备，其中现金六成，保证准备六成；规定法币1元兑换英镑14.25便士，对美汇率为美金2角9分7厘5毫。同时颁令一切白银收归国有，集中发行于国家银行，并组织发行准备管理委员会，定期检查，以固币信。

　　根据法币政策，以往有权发行钞票的公私银行必须分别加以清理，否则国家银行便唯有被迫发出法币换回各银行的钞票，那么国家银行不但要代所有银行背上包袱，尤其极可能使法币一登场便步上了通货膨胀的噩运。

　　山雨欲来风满楼,全国各银行都在面临生存与否的严重考验。官方把消息瞒得很紧,而且在进行"清理"的过程中,一切的一切,都保持高度的机密。

　　经过调查,有发行权的银行一共是 12 家,除了官办、官商合办者外,必须"清理"或控制的,一共有 6 家,中国通商银行便在这一纸黑名单中,位列第三。据统计,到民国三十三年为止,中国通商银行钞票的发行量,计达 3470 万元。

　　官方对症下药,所采取的手段是先由中央、中国、交通三大银行秘密集中"有衅可击"的 4 家民营银行钞票,然后择定有利时日,持往兑现,倘若兑不出现来,便以"准备不符规定"的事实,报由官方施加检查,当这些银行情势危急,再以维持金融为名,加入官股,指派董事或董事长,予以全面控制。

　　中国通商银行以其悠久的历史,傅筱庵稳健平实的作风,加上盛宣怀全家及其关系方面的经济潜力,照说很不至于发生问题的,但是很不凑巧,由于两项意外的因素,使傅筱庵陷于困境,无法自拔,坐视这一爿财力雄厚、信用素孚的中国第一家银行,像断线风筝一样的从自己手中飞去。

　　首先是中国通商银行历年来赚了不少的钱,傅筱庵眼见民国二十二、三年之交,上海地价暴涨,建设事业大行其道,他乃霍霍为之心动,深感良机决不可失,于是斥资 1000 万,在河南路闹市区盖了一座巍然矗立、美轮美奂的"中国通商大楼",连地价带建筑费用,这 1000 万即已占据银行发行额的百分之三十弱,即以当时而言,也是一项大胆无比的空前投资。

　　第二次意外,则是北洋军阀全面失败,若干年来他们还在秘密集会,蠢然思动,傅筱庵和北洋军阀早有往来,关系非比寻常。国民党侦悉傅筱庵有资助北洋军阀、阴谋祸国的嫌疑,立即下令通缉查办。于是躲在租界上的傅筱庵便畏罪潜逃,而且一逃便逃到日本的"地界",亦即北洋军阀在日本人庇护下的根据地——大连。

　　傅筱庵一逃,中国通商银行顿失重心,六神无主,业务陷于混乱而新大楼犹未竣工。官方检查准备之举,又箭在弦上,不得不发。所以,在上海金融界这一场空前绝后的巨大风浪中,中国通商银行便首当其冲,成为法币政策的头一个牺牲品,仿佛只待政府一纸命令,立将宣告破产倒闭。

　　像这样的事，在那种情况下，有谁肯出头来管呢？即令要管的话，千头万绪，又将怎么管法呢？杜月笙与傅筱庵私交不过尔尔，但是他觉得很有历史、很有成就的一爿银行，就这么误打正着、糊里糊涂地让它垮了，倒了，未免可惜。因此，他竟在众人相顾错愕时，毅然决然，挺身出面。首先他向政府当局力保傅筱庵，请求取消通缉，让他清白无辜，从大连回到上海，有话说话，有帐算帐，他不能把中国通商银行搁下不管。杜月笙的理由，光明正大，中国通商银行即使滥发钞票，也要叫傅筱庵站出来负责，清理好。于是官方算是应允了杜月笙的这个要求，但是接下来的问题，此事此境，中国通商银行闹出亏空，无法兑现是实，傅筱庵人都逃到大连，傅先生不能一走了之，我愿意出面请他回来，当众把帐算个明白。我可以告诉他："天塌下来，有我负责"。壮哉斯言！傅筱庵在大连听到，深受感动，涕泪横流，他向他的从者呜咽啜泣地说："杜月笙铁肩担道义，真非常人也，我决定回上海，刀山鼎镬，在所不辞。"

　　傅筱庵飘然归来，谢过了杜月笙的大恩大德。他讲他无话可说，要么只有算帐，一切银钱责任，他自愿承担，负责理楚。当他回到上海，查明中国通商银行的亏欠，立即采取紧急措施，首先"萝卜不当小菜"，将尚未建竣的中国通商大厦1000万元的损资，以300万元的贱价便宜卖掉，而且卖尽当光的结果，中国通商银行就只剩下了一个空壳，债务全部了结，银行没有库存，势将关门大吉。傅筱庵这时心灰意冷，"欲振乏力"，于是又由杜月笙热心帮忙，为之策划奔走，请中央银行大力支援，维持我国这一家资格最老的银行继续存在。但是中央银行雅不欲出面，以免贻人口实，有"攫取"之嫌，几经折冲，方始想了这个瞒天过海之计，由杜月笙出任中国通商银行董事长，算是替傅筱庵和中央银行双方做了个挡箭牌，通商银行的总经理则由中央银行的业务局长调任，经营所需要的资本全靠中央银行挪腾拨用。这样，中国通商银行保全下来了，傅筱庵化险为夷，平安无事，一场狂风骤雨的浪潮，又被杜月笙独立斡旋，趋于波平浪静，皆大欢迎。（文见恒社旅台同人编：《杜月笙先生（镛）纪念集》）

　　这篇《傅筱庵马失前蹄记》所写内容虽无错误，但时间搞错了，傅筱庵是1927年逃往大连，回沪是1932年。而币制改革在1935年，中间距离有三年,似与事实不符。再,银行大厦建筑一事也与币制改革无直接关系。这篇文章主要为杜月笙与中央银行合谋夺取通商银行作说辞,为他们侵吞通商银行的罪恶勾当作掩盖。至于傅筱庵说的那些话因无史料佐证,只能作参考之用。

傅筱庵经理时期的通商银行档案资料,在1922年江浙战争和1927年北伐战争中"遗毁散失",这里只是依据银行总董会议纪录及上海总商会和其他行庄及有关报刊零星资料记载,作一梳理,难云全面。至于傅筱庵本人,则在1938年上海沦陷后投靠日本当了汉奸。1941年他家厨师被杜月笙收买,傅在家中被厨师砍死,从此结束了他的一生。屠诗聘在《上海市大观》一书第七章有记载说:"日本人占领上海,中国通商银行先前的大老板傅筱庵落水当了汉奸。负责枪杀傅的人,便是杜月笙旧日的保镖,他得到万墨林的首肯,拿了杜公馆2万大洋的工作费,说动常到杜家走动的傅宅厨师朱老头,在禁卫森严、如临大敌的虹口傅市长公馆,一斧头送了傅的终。"

第三章　杜月笙与通商银行

  1929 年世界资本主义国家爆发空前的经济危机,危机很快波及世界各地。1934 年美国垄断资本家为了转嫁危机,采用高价收买白银的办法,企图以此提高用银国家的购买力,推销美国国内大量过剩的商品。当时中国是银本位制国家,货物买卖以银两、银元结算。国际银价抬高后,在华外国银行(洋行)和国内的金融投机者为了牟取暴利,纷纷向国外输出白银。白银大量外流,造成市场银根奇紧,通货收缩,物价暴跌,终于在 1935 年引发了工商厂家纷纷倒闭的风潮,这就是所谓的白银风潮。

第一节　"春申门下三千客,小杜城南尺五天"

  白银风潮的直接受害者是广大工商业者和劳苦民众,同时波及中国的金融业,但对国民党为代表的官僚资本来说,却是一个吞并中小企业和民族金融资本的机会。风潮发生不久,南京国民政府财政部便以充实官股股本的名义,首先将中国、交通两银行攫取到手,接着又通过中央、交通、中国三大银行囤积通商、中国实业和四明银行钞票的办法,一次性向三行要求兑换,人为地造成挤兑风潮,从而迫使这三家银行接受官僚资本的控制。事情发生后,同年 5 月 5 日,傅筱庵因造楼亏空 200 多万元,不得已,用一些有价证券要求中央银行押借 300 万元。中央银行早已设下圈套,先答应愿意通融,接着就在同一天,以通商银行"应付款期很长、帐面没有头衬"、银行无存款为借口,表示不能帮忙。傅筱庵情知不妙,大祸即将临头,于是连忙赶到国民政府财政部次长徐堪家中,跪求帮忙。在国民党官僚资本集团四大家族的授意下,由通商银行董事杜月笙出面,中央银行同意"拨借"100 万元,方才解决了这场危机。由于杜月笙"救"行有"功",6 月 7 日,通商银行召开董事会,"推选"杜月笙为董事长,同时决定聘请顾诒谷为总经理(因顾有他事不能到任,旋改为胡梅庵),傅筱庵改为常务董事。① 杜是国民党官僚资本四大家族的走卒,在四大家族的支持下,就这样不费吹灰之力,轻意地将通商银行的大权夺到自己手里。也因此事,此后杜傅交恶,矛盾甚深,以致闹到水火不相容的地步。

杜月笙对通商银行垂涎已久,"币制改革"只是一个偶然。为了掩饰他吞噬通商银行的野心,杜月笙的儿子杜维藩在《过庭录》中特将其父美化了一番,书中写道:

> 某年傅筱庵君以所主持之中国通商银行经营为难,商请协助,时先父手创中汇银行业务已见蒸蒸日上,于爱多亚路自建有九层大厦,先父答以自身非银行专家,但因交非泛泛,况通商历史悠久,只要注重人事,便可维持信用,愿为筹划,再行报命。遂详查内部,发现亏损甚大,人事亦不协调,欲求发展,非从调整人事,不足改变局面,一面商请财政部出资,以公债加入为官商合办,跻于小四银行之一,复请胡梅庵君担任总经理,从新改组董事会,事成仍请傅君继续任董事长,傅君以非先父奔走无以有今日,董事长一席非先父莫属,再三劝就,傅君自愿退就董事。（转引恒社旅台同人编:《杜月笙先生(镛)纪念集》,沈云龙主编:《近代中国史料丛刊续编》第二十六辑,文海出版社 1976 年版,第 126—127 页）

明明是设计将通商银行谋夺到手,还要涂脂抹粉,打扮成是傅筱庵"礼让"。无怪傅氏对其恨之入骨,而无可奈何。傅氏也是不良之辈。1941 年上海沦陷后,傅筱庵投靠日本,充当了汉奸,并出任伪大道市长,伺机借用日本人势力对杜月笙实行报复。上海沦陷后,杜氏被国民政府授为上海统一工作委员会常委。他得息后,与国民党军统局一起策划,通过收买傅的家厨,将傅氏砍死。②

杜月笙,原名杜月生。上海川沙高桥镇(今浦东新区)人,早年失怙,与小流

杜月笙 1

① 《银行总董会议纪录》(民国二十四年五月七日)。
② 见前述屠诗聘《上海市大观》一书。又,恒社旅台同人编:《杜月笙先生(镛)纪念集》。

氓为伍,吃喝嫖赌,样样俱全,被乡人称为坏小团、败家子、无可救药的小瘪三。1902 年来到上海,在外滩十六铺摆摊做水果生意,外滩人员复杂,三教九流各式人均有,20 岁结识青帮大佬陈世昌。加入青帮后,又经黄振德介绍,加入黄门,取《周礼·大司乐疏》"东方之乐谓笙"。笙者,生也。从此改"月生"为"月笙"。又以同疏,西方之乐谓镛,于是便改名镛,号月笙。先后结识黄楚九、张啸林、黄金荣等人。逐渐成为上海滩上的黑势力代表人物之一。人们将他与黄、张并称上海滩上"三鼎甲"。1927 年,蒋介石在上海发动反革命"四一二政变",杜接受蒋的指挥,事先与张啸林、黄金荣、杨虎、陈群、王柏龄等组织"共进会",公开对抗中共领导的上海总工会。他们频频举行军事会议,计划招募一万五千人,分成两彪军,实行南北夹击。所谓两彪军,实际上都是雇用来的流氓、地痞、无赖,杀害工人纠察队长汪寿华。接着于 4 月 11 日,用突袭手法,集合一万六七千"手持枪械的共进会员"在国民党的所谓调解下,武装解除中共领导的工人武装纠察队。4 月 12 日,杜氏直接策划和协助国民党疯狂屠杀共产党人和工人群众,制造四一二反革命政变。有记载说:"四一二政变""实国民党人与先生先为布置,预为之弭也"。"自四月十一日起,至十三日止,凡三日,杜先生朝夕参与策划,竟无倦容,出力尤大。"杜受蒋指使,"洒卒同志,密令死士,尽解其甲(指上海工人纠察队),国民军兵不血刃而定沪,先生之力居多"。"等到何应钦将军统率的北伐东路军在平定浙江全省,准备进攻上海的前夕,杜氏突以迅雷不及掩耳之势,起而领导在沪革命党人杨虎等,不费一枪一弹,在旦夕之间,尽将数万纠察队缴械",屠杀大批共产党人和工人民众,夺取了上海。[①]"四一二政变"后,杜又协助国民党清党委员会,在法租界展开搜捕杀害共产党的行动。因其效忠国民党,被蒋介石委任为少将参议。同年,他用 5 万元开办了中汇银行,注册资本 50 万元,收足一半开行。加上又有"恒社"组织,人称"海上大佬",他的势力就是中汇银行最大资本,谁也不敢不将钱存在该行。其后门人多达数千,三教九流、贩夫走卒、流氓地痞、文人雅士、富商大贾、达官显贵,各种政治色彩的人均有。1930 年,四川军阀杨森为了讨好杜月笙,一次送烟土 200 担。后杨氏来沪游玩,花天酒地,以未能玩上舞女黄白瑛为憾。事后,杜月笙来个"千里送美人",特将黄氏送到重庆,让杨森"品赏"玩弄。军阀范绍增在湘西被贺龙的红军打伤一条腿,来沪治伤,杜氏亲自将范氏接到法租界医院医治。各路军阀几乎没有不巴结他的。黎元洪的秘书饶汉祥

---

① 　详见章君毅:《杜月笙传》。又,恒社旅台同人编:《杜月笙先生(镛)纪念集》,第 188 页。

曾送他一副对联:"春申门下三千客,小杜城南尺五天。"杜将它悬挂在上海华格臬路(今富民路)住宅的大厅内,可见其势力有多大,真可谓是气焰熏天。1931年杜祠落成,盛会三日,竟创下了"堂上珠履十万客"的空前绝后的场面,人争参拜,车马之盛,仪文之蒇,为上海开埠以来所未闻。达官贵人的颂词,连缀起来可以成为一篇妙文:

> 杜月笙孝思不匮(蒋介石),敬宗收族(湖北省主席何成濬),建此杜氏祠堂,旨在使此一敦仁尚德(徐世昌前大总统),望出晋昌(段祺瑞),辉光照国(军法总鉴何键),好义家风(陆海军副总司令张学良),世称善门(前黑龙江护军使朱庆澜)的江东望族(河南省主席刘峙),本支百世(外交部长王正廷),百世馨香(四川省主席刘文辉)。瞻族兴邑(宪兵司令谷正伦),栋国栋家(司法院长王宠惠)而致世德扬芬(军政部长何应钦),垂裕后昆(前国务总理顾维钧),慎终追远(实业部长孔祥熙、西藏班禅、淞沪警备司令熊还辉),光前裕后(党国元老李石曾,警察总监吴铁成),于是源远流长(监察院长于右任),俾尔炽昌(安徽省主席陈调元)。

甚至连有"一身傲骨,目空一切"的章士钊也献了颂词。"一旦公道平,青云在平地。于是乎以布衣雄世,侠儒兼资。"在清党反共问题上,章、杜可为同志。章的颂词是:"尚义为天下倡,天下翕然归之;徒众万千,言出九鼎。"一代大儒章太炎也参与其事。庆典筹办人为虞洽卿(和德)、黄金荣、王晓籁。前国史馆副馆长、洪宪帝制角要、"生平愿为帝王师"的杨度以及段祺瑞善后会议副议长汤漪亲临现场。上海明星电影公司拍了纪录片,中国戏剧界所有的名伶如梅兰芳、尚小云、荀慧生、马连良、程砚秋等都出场了。一人有庆,举国祝觞,前所未有。有这么大的能量,要谋夺一家银行是轻而易举的事。

1932年杜受聘为国民党军统局顾问,成为国民党反动派的忠实走卒。1933年与弟子组织恒社,成员后多达数千人。分布要津,结交官场,各地军政要人,乃至北京政府的总统、总理等无不网罗。又组织三鑫公司,贩卖烟土,开设赌场,罪恶昭著。

第二节　借"币制改革"趁机夺取通商银行

说起杜月笙与傅筱庵及通商银行的关系,不能不提到两件事:一件事与1924年的直奉战争有关。战争中,冯玉祥发动政变,幽禁曹锟,段祺瑞重新执政后,面临严重的财政困难。海军因积欠军饷已久,几致哗变。段祺瑞与财政总长李思浩在日本的支持下,从伊朗贩运烟土一千箱出售,打算用所获利润,拨付海军欠饷。杜月笙得知后,专访通商银行董事长傅筱庵,商借二万元。傅二话未说,当即照允。杜于是买通孙传芳的部下,将这批鸦片从南通贩运到上海。傅筱庵后来和孙传芳关系那样密切,通商银行之所以大量承购北洋军阀政府各种债票,除了巨大的利润诱惑外,在很大程度上同杜月笙有关。为了感谢杜月笙,李思浩还专门委任杜月笙为北洋政府财政部参议,孙传芳则委任他为高等顾问。另一件事与中汇银行有关。约在1930年前后,中汇银行经理人田鸿年因利用客户存款去作黄金交易,结果投机失败,以致亏累负债30万元,杜氏在田氏辞职后,一面设法弥补亏空,一面物色沪上银行界的世家子——通商银行董事长傅筱庵的儿子傅品圭继任经理。这是傅杜两人结合的开始。但两人在利益驱使下合作的同时,彼此矛盾也随之加深。

杜月笙早就怀有将势力打入金融界、谋夺通商银行的野心。自中汇银行亏损后,他的智囊团们便向他献计,在着手建立工商事业之前,一定再要开办一爿像模像样的银行,或者谋取一家在银行界素有名望和影响的银行。然后再以这家银行为立足点,打入在全国金融界具有重要地位的上海市银行公会,进而控制该银行公会。杜表示同意,于是派心腹杨志雄、杨管北每天去银行公会,以用餐为名,广结沪上各银行老板,搜集情报。经过两年的活动,他们为杜月笙结识了一大批金融朋友,为杜氏势力日后插足金融界打下了基础。但创办一爿像模像样的银行必须要有一大笔资金,这也是不容易的。所以,杜氏则集中心思,始终将目光牢牢地盯住通商银行。通过与傅筱庵父子的交往,他了解到通商银行内部更多的细节,通商银行董事多为盛宣怀督办时的旧人,大多年迈。且通商银行早为外国银行公会会员,历史悠久,与外国银行素有联系。于是杜月笙抓住国民革命军北伐推倒北洋军阀统治这个历史机遇,利用傅筱庵支持孙传芳对抗北伐军,后遭国民党通缉,杜趁人之危,借助国民党势力将自己的势力打入通商银行,再利用南京国民政府的币制改革,一举将通商银行夺到手。

1935年6月,杜月笙夺取通商银行董事长后,在抗日战争期间,他利用通商银行进行投机、大发国难财,并将资金转移香港等美国银行。蒋介石发动内战后,他又用通商银行大量承购政府公债,为国民党输送血液。在他主管下,通商银行完全沦为国民党反动统治的金融工具。

随着人事的变动,国民政府财政政策的变化,通商银行原有的经营特色也随之发生改变。杜月笙任董事长不久,同年 11 月,国民政府财政部宣布实行法币制度。宣布中央、中国、交通三行钞票为法定货币,通商银行从前

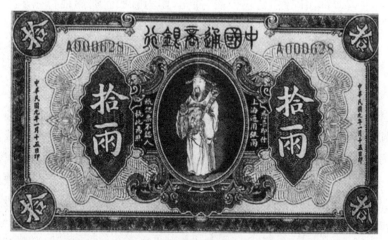

民国九年(1920 年)中国通商银行上海通用银两拾两

民国十八年(1929 年)中国通商银行上海壹圆

清那里获得的钞票发行权至此正式宣告结束,通商银行钞票不再流通使用。与此同时,财政部同时宣布实行白银国有政策,迫使通商银行所库存的作为流通货币的储备金的金银也"转存"到财政部发行准(备金)管理委员会。通商银行至此完全沦为国民党官僚资本所掌控的"小三行"(中国实业、四明、通商银行)之一(一说小四行之一)。它不再是盛宣怀当年创办的、拥有独立经营权性质的银行,原先的通商银行实际上已经名存实亡。1937 年,根据

国民政府财政部核准，通商银行正式改组为官商合办银行，资本为 400 万元。原有资本 350 万元，按一成五折合成商股 52.5 万元，余下 347.5 万元由国民政府财政部用同额"复兴公债"抵充，作为官股。通商银行完全落入国民党官僚资本手中。

第三节　迁总行于重庆，拓展内地业务

杜月笙是在国民党官僚资本支持下，当上通商银行董事长的。为了报答国民党，他便利用通商银行资本为之效劳。1937 年 7 月，全面抗战爆发后，国民政府借口筹集抗战经费，大量发行公债。通商银行一次承购财政部统一公债 290 多万元，然后在金融市场上进行投机买卖。到是年底，通商银行用于有价证券的投资高达 1457 万元，通过经营公债及其他债票的投机买卖活动，盈利即达 37.8 万元，占全行是年盈利的四分之一。

1937 年 8 月，日军进攻上海。为了应对复杂的形势，早在是年 4 月，通商银行与四明、中汇银行在香港设立联合通讯处，同时将所存的有价证券 700 多万元寄存香港美国大通银行，将上海总行业务部所存的大部分现金、重要证券契票移存上海美国花旗银行。

今上海花旗银行

上海沦陷后，国民党在上海租界内设立在沪工作统一委员会，指定戴

笠、俞鸿钧、蒋伯诚、杜月笙、吴开先为常委,进行活动。国民政府迁至重庆后,党政机关、军队,在在需款。1941 年 7 月,通商银行以在重庆地区放款为名,从上海总行抽出 150 万元拨存迁至重庆的国民政府中央银行,为国民政府输液。9 月,在川康银行刘航琛的支持下,派通商银行协理骆清华亲赴重庆,筹设分行。次年 3 月,通商银行重庆分行在道口门新购的一座大楼内正式挂牌营业,国民政府财政部指定该行为内地管辖行之一,杜氏趁机将自己的儿子杜维藩安插为分行襄理。重庆分行开张后,以杜氏的广泛交游,不仅开张之日捧场之众,客户亦纷至沓来,短短一年,存款直线上升。于是干脆于 1943 年 6 月,又将重庆分行改为通商银行总行,董事长自兼总经理。并打出"开发大西北"的口号,分别开设兰州、西安、洛阳、宝鸡、天水、平凉、成都、自流井、衡阳、桂林等分行和管理处,结识西北工商业巨子石凤翔和毛虞岑。杜氏亲赴三秦,实地考察,因宝鸡一带铁矿颇丰,西北多产羊毛,前后筹设兰州中华毛纺厂、陕西冶炼厂、褒城三秦面粉厂。通过这些分行,进行资产调剂,对该地区的工矿企业、农牧业进行投资贷放,发展内地的经济,巩固大后方,客观上支持了民族抗战。

自太平洋战争爆发后,日本加紧对中国资源的搜括,对国统区和抗日根据地实行严密的经济封锁,中国抗战进入最艰难时期。大后方物资严重匮乏,民生日用所需补给不易,以致物价腾贵。杜月笙见此,利用通商银行筹设运销公司,趁机大发横财。一方面,从沦陷区用低价购进大量棉纱、布匹及其他日用必需品运往内地,囤积居奇,人为制造紧张,抬高物价,进行商业投机;另一方面,又将内地重要原料、土特产运到沦陷区,换取外汇和黄金。运销贸易不仅使杜月笙私囊中饱,而且也为国民党官僚资本及他本人扩充了经济实力。"居奇斗赢,坐拥多金","其后黄金案起,有人指责其攫非法之财",为舆论所不容。

还在太平洋战争爆发前,杜月笙已离沪赴港,将通商银行日常事务交由胡梅庵负责。太平洋战争爆发后,日本驻沪财务官小原派遣华兴银行副经理原田为通商银行等银行的"监督",同时派人来行检点库存及各种有价证券和各项帐目,由于杜月笙早已安排存放香港及美国花旗银行代管,所以通商银行损失不大。汪伪政权建立后,接管通商银行,任命张文焕为董事长,同时派特务李思浩为董事,监管行务。

抗日战争时期,国民政府由于军费开支浩繁,推行无限期的通货膨胀政策,以致物价飞涨,法币发行量剧遽加增。1943 年和 1944 年法币发行额分别为 754 亿元和 1895 亿元,这个数额几乎是全面抗战前的 52 倍和 133

倍。通货膨胀加深了处于战乱中人民的苦难,肥了国民党官僚资本集团。但对通商银行来说,为弥补行亏带来了好处。1935年通商银行变为官商合办时,财政部曾以复兴公债347.5万元作抵,作为官股(在当时折算,约合3.4万两黄金),同时令通商银行将与流通额相等的库存现金和有价证券全部交存财政部储存,但当时通商银行并未照此行事,而是留了一手,只缴出三分之一,尚欠1800万元,按照当时价格折算,约合1.8万两黄金。由于法币贬值,到1944年,这些官股和这笔欠款只需要540两黄金,就可全部偿清。通商银行这种欠款情况在四明、中国实业两行同样存在。他们这种企图将官股化为商股以及还欠的办法早已引起国民党官僚资本集团的注意。1944年,杜月笙以通商、四明、中国实业三银行董事长的身份,向国民政府财政部部长俞鸿钧呈请,愿意交清多年积欠的发行准备金,同时提出把原有官股改由他们筹集的商股来承接,意即赎还官股。俞氏当即表示同意,并答应向通商、四明、中国实业三行提供2400万元的低息贷款。

通商、四明、中国实业三行"还欠"和"还股"消息传出后,在国民党统治集团内掀起了一场轩然大波。国民参政员纷纷责问说:现时还欠还股是按照当初投资时的法币价值计算呢,还是照现时法币的标金价折算呢,或是按银行现存资产的净值来估算呢?要求撤销原案,退还期票,追究承办人。事情愈演愈烈,闹得山城沸沸扬扬。最后行政院院长宋子文不得不出面,召集财政部有关负责人和杜月笙等商量对策,表示三行退回官股之款暂由财政部交还,恢复三行官商合办原状,此事留待战后三行财产清算时再行治商退还官股办法。由于此事有碍人心和政局稳定,蒋介石给四行联合办事总处下令:查四明、中国通商及中国实业等三行因退还官股引起参政员的责问,兹决定将三行退还官股仍予发回,恢复官商合办现状。只因蒋介石出面干预,事情才告平息。然而宋子文、杜月笙等人并不死心,战后的第二年,即1947年,又通过贿赂收买国民政府立法委员,强使立法院通过三行官股由政府按银行资产净值分别收回的法案,但此时内战爆发,国民党统治处于崩溃前夕,统治集团内派系倾轧激烈,他们的这一阴谋活动因遭到一部分人的反对,最终仍未能得逞。

抗战胜利前夕,杜氏奉蒋介石密令,驻守浙江淳安,与戴笠、美国海军准将梅乐斯合谋组织迎接盟军,接收上海。9月,他被任命为农林部京沪特派员、全国轮船业同业公会理事长、地方协会会长,为蒋介石发动内战,转运军队、器材。

第四节 "落花流水春去也"

　　抗战胜利后,通商银行总行从重庆迁回上海。杜将自己的二儿子杜维屏安排为通商银行上海分行副经理。杜维屏和盛宣怀的儿子盛蘋丞合作,经营进出口贸易,赚了一大笔钱,又开办了一家宏兴公司,合伙从事股票买卖。杜的三儿子杜维新是浦东银行副经理,娶了一位外国女子为妻。另外五个儿子大多也从事金融活动,担任中汇银行董事等。在战后复杂的形势下,从 1945 年 8 月到 1949 年 4 月上海解放前夕,在这几年中,杜月笙掌控了通商银行的业务活动,在政治上,他紧密配合蒋介石发动内战,为国民党特务提供活动经费。1946年 10 月,杜月笙以军统局预算尚未核实为由,指令通商银行贷款法币 5 亿元给军统

杜月笙 2

局,这笔款项是当时通商银行定期放款额的三分之一。在银行业务方面,初期有所上升,但总的趋势呈下降状态。抗战胜利后,通商银行因为接受中央银行委托,代兑中储券,因此存款一度出现回升。此外,战时被日本强占的民族资本工矿企业,战后先后收回并陆续恢复生产,也为银行提供了多余的间歇资金,亦是通商银行存款增加的原因。1945 年银行存款达到法币 19.8亿元,是 1944 年存款的 3.5 倍。但自 1946 年下半年起,因国共和谈失败,此后内战随之爆发,国民党为了筹措战费,滥发钞票,一时物价飞涨,金融投机猖獗,银行无法开展业务。通商银行存款大幅度下降。1947 年,帐面存款为法币 64 亿元,折合黄金为 7600 两,较 1945 年减少了 70%。1948 年,存款余额折合黄金只有 1500 多两,较 1945 年减少了 120%。1948 年国民党败局已定,许多地主官僚资本家及敌视人民革命的人纷纷将存行资金提出,或汇寄海外。这一时期的存款主要得自汇兑业务的汇费。1946 年通商银行所得汇兑汇费占银行所有存款的 19%,1947 年上升至 27%,1948 年则上升至 35%。为了保住银行,求得资金安全,这一时期,通商银行不愿也不再向工商企业放款,反之加紧催收已有的放款。有些工商企业急需资金维持生产经营,通商银行趁机把势力渗透到它们中去,借以加强控制。在 1947

年,有杜月笙挂名任董事长、董事、顾问的工商企业达200多个。由于内战,市场混乱,金融市场投机活动猖獗,通商银行也趁机浑水摸鱼,从事证券投机,从中牟利。

通商银行在杜月笙掌控下,早已沦为官僚资本聚敛财富的工具。1947年5月27日,通商银行成立50周年,为了粉饰自己"经理"通商银行的"业绩",同时也是为国民党垂危统治装点门面,制造一些热闹气氛,杜月笙特地举行了大规模的庆祝活动。纪念活动历时一周,又是出版纪念文集,制作纪念证章、纪念皮夹,印制纪念信封信笺,用彩布扎彩楼5座,并买下《申报》《新闻报》《商报》等几家报纸版面,宣传他对通商银行的"贡献"。26日,庆祝大会在上海丽都花园举行。从上海市长吴铁城到工商各界代表、社会名

中国通商银行成立五十周年纪念大会在丽都花园(位于今新闻路)举行

流500多人到会祝贺,国民政府财政部还派人专程来沪致贺。会后设宴招待,并假座中国大戏院演戏三日。正当杜月笙和国民政府党政工商界人士兴高采烈的时候,人民解放军正准备战略大反攻,国民党反动统治垮台已为期不远了。

1949年3月,人民解放军准备渡江作战前夕,杜月笙眼见国民党统治败局已定,于是携带家眷和通商银行大量存款移居香港。"落花流水春去也。"4月,上海解放。上海市军管会根据党的政策,没收官僚资本为全民所

有,将通商银行的官僚资本改为公股,至于不属于官僚资本的商本则继续予以保留,并派出了公股代表,加强对通商银行的直接指导。1951年5月,通商银行与新华、四明、中国实业、建业等银行组成联合总管理处。1952年,又与上海其他59家私立银行、钱庄、信托公司一起参加金融业的公私合营,其银行业务归并到中国人民银行上海市分行,自此通商银行走完了它的全部旅程,前后在中国一共存在了55年。

本部分内容主要依据和参考上海市人民银行档案室保存的通商银行总董会议纪录、通商银行公信录、上海市人民银行编辑的上海钱庄资料、银行周报、中央银行月报、杜月笙传记资料汇编而成。抗战时期的资料因战乱和被杜氏带往香港,留沪资料残缺不全,而战时各地开设的分行的经营活动资料缺失尤为严重,此处只是作一概述,特此说明。

附　　录

一、1896—1952 年通商银行大事纪要

1896 年(清光绪二十二年)

1 月 19 日　江南道监察御史张仲炘奏请设立专官,开办银行。

2 月 13 日　华俄道胜银行在上海设立分行。

5 月 24 日　盛宣怀从湖广总督张之洞手里接办汉阳铁厂。

　　6 月　枝巢向津海关道兼津海关监督盛宣怀呈递《华商集成官银行章程》10 条。

8 月 22 日　英国银行办理人葛突维廉致函清朝驻英公使李经方,要求由他代表英国帮助中国创办中国国家银行,并由他担任该行总办。

　9 月 4 日　湖广总督张之洞和直隶总督兼北洋大臣王文韶联衔奏请设立卢汉铁路公司,保举盛宣怀为铁路公司督办,承造卢汉铁路。

10 月 20 日　清政府颁谕设立中国铁路总公司,任命盛宣怀以四品京堂候补,任督办铁路总公司事务大臣,先承造卢汉铁路,苏沪、粤汉两路次第扩充兴办,由公司招收商股 700 万两,借外债 2000 万两。商借商还,并提拨债款银 1000 万两,南北洋存款 300 万两,以期官商维系,速成巨工。

11 月 1 日　盛宣怀条陈《自强大计折》及设立达成馆、开设银行附片两件。在开设银行附片中指出"西人聚举国之财为通商惠工之本,综其枢纽皆在银行,中国亟宜仿办,毋任洋人银行专我大利",正式提出开办银行的建议。清政府将其折片发交军机处总理衙门、户部妥议具奏。

　　5 日　江苏补用道容闳向总理衙门呈递《续拟银行章程》6 条,建议开设户部银行。

12 日　清政府批准盛宣怀开设银行的建议,责成盛宣怀选择殷商,举为总董,招集股本,合办兴办,以收利权。

本月　盛宣怀向总理衙门陈递开办银行"节略",主张银行开办宜仿招商局办法,官助商办。

香港济安保险公司买办陈惠勋(晓云)向盛宣怀呈送所拟银行章程 40 条。

御史陈炽(次亮)向盛宣怀条陈设立银行办法 12 条。

12 月 6 日　清政府同意盛宣怀银行办成后,"准其附铸一两重银元 10 万元,试行南省,如无窒碍,再由户部议订章程办理"。

30 日　首席总董张振勋自新加坡寄来所拟银行章程条议,提议银行管事兼用西人、发行钞票、铸造钱币是办行要著。

本月　俄国银行家四达祚福来到上海招商局通商银行筹备处,提出道胜银行与通商银行合股开办中俄招商银行,通商银行所铸一两重之银元仍旧通用,企图阻止通商银行开办。

总董严信厚条拟银行开办章程,主张银行商办,不领官本,银行发行钞票,提议各处分行就设在其所开设的海关银号内,由银号伙友兼办分行事宜,此议未被盛宣怀所采纳。

1897 年(光绪二十三年)

1 月 6 日　上海汇丰银行总办贾德纳致函美德伦,表示愿意推荐他为通商银行洋大班。

8 日　美德伦向通商银行提出由他担任洋大班的条件:任期 10 年,给以人事权,月薪银 1000 两。

10 日　总董致函盛宣怀,银行聘用洋人为大班,但不得重以事权。总须"彼为我用,操纵自如"。

20 日　总董拟订《中国银行大概章程》22 条。新银行取"通商惠工"之意,定名"中国通商银行"。

28 日　盛宣怀向总理衙门呈送《中国银行大概章程》。同日,又致函天津黄花农、北京冯志先,要他们在京、津电报局挂号招股(指银行招股)。

2 月 2 日　银行与美德伦签订合同。合同规定:美德伦任银行总行代理大班,任期 5 年,年薪 9000 两,若股息达到 8 厘,年薪为 12000两。银行所用西人均归美德伦节制。美德伦必须"尽所有之力,供事于银行"。

7 日 　冯志先电告盛宣怀,请将银行章程第九条报效国家一条改为"无论获利多寡均提二成或三成报效国家"。

8 日 　盛宣怀复电函告冯志先等人,银行章程第九条不变。又致函江海关道刘康侯,表示一俟银行立定复命后,他不再过问行务,悉如西例,责成总董经理。

14 日 　冯志先将银行章程先后分送翁同龢、李鸿章、吕海寰、荣禄等人。

15 日 　郑观应致函盛宣怀,就银行章程,提出修改意见。

20 日 　银行九总董中添列叶成忠,删除邹凌翰。

23 日 　上海汇丰银行大班韦加纳、上海仁记洋行洋东□□□分别向通商银行送来保荐美德伦为洋大班的信件。

　　　　总董会议议事数件:银行股单由大班大写两人签后名;户部拨存官款在总行未开之前先存外国银行;银行不用公牍呈复等。

3 月 1 日 　银行章程先后在《申报》《沪报》《新闻报》《指南报》《苏报》等上发表。

7 日 　户部同意拨银 100 万两交存通商银行,年息 5 厘,存放 6 年后分年摊还,息亦递减。此项存款先分别暂存汇丰 30 万两、德华银行 40 万两、麦加利银行 20 万两、源通官银号 10 万两。

12 日 　由陈辉庭负责,银行筹备处正式在轮船招商局挂号招股收银。

14 日 　总理衙门复议通商银行呈送的银行大概章程。大臣中以荣禄为代表的部分人对通商银行大概章程部分内容进行驳诘,如提出上海为总行,京都为分行,是外重内轻,京都应为总行。"权归总董,利归股商"于国家何益? 万一赔累,何人任其咎? 银行放款 10 万两以上须报部批准,每届盈利十成报销外应另外再提成等无理要求。致使招股受阻,商人认股不跃。

16 日 　郑观应致函盛宣怀,对银行章程再次提出修改意见。

24 日 　总董条例制订。盛宣怀先后指定张振勋、严信厚、叶成忠、施则敬、严潆、陈猷、朱佩珍、杨廷杲、杨文骏、刘学询 10 人为银行总行董事。聘请咸康钱庄经理、钱业董事陈淦为总行华大班。聘请洋行买办陈福保为总行买办兼跑楼。

4 月 5 日 　御史管廷献条陈官设银行流弊宜防折。清政府就此谕令湖广总督张之洞、直隶总督兼北洋大臣王文韶联衔复奏。

12 日　盛宣怀就总理衙门对银行章理驳议一节,复函总理衙门。

18 日　总理衙门王大臣 11 人联名致函盛宣怀,表示"设立银行一事,日前咨询各节,系为顾全大局起见,并无益上损下之意","实无抑勒苛绳商人之见存",要求盛宣怀及早开办银行。

20 日　银行筹备处在香港、扬州、镇江、苏州、北京、天津、广州、烟台、汉口、福州、重庆等地挂号招股。

24 日　郑观应致函盛宣怀,指出北京分行关系甚重,必须得人。

25 日　总理衙门电催盛宣怀从速开办银行,以便汇兑官款、存放洋债、开铸银钱、发行钞票等,并表示允为保护、毫不掣肘。

5 月 15 日　银行将总理衙门王大臣驳诘各节原文内容及总理衙门电催盛宣怀及早开办银行信函分别登报,以释群疑。

16 日　轮船招商局认购银行股银 80 万两拨交银行。

20 日　电报局认购银行股银 20 万两。

24 日　王同燮受聘为广州分行大班。

25 日　美德伦推荐原汇丰银行办事员、英人厚士敦为北京分行洋大班,前香港阿加剌银行大班拉打(一译莱德)为香港分行洋大班。

27 日　通商银行总行在上海外滩路广东路 6 号(原大英银行旧址)正式挂牌宣告成立。

　　　是日,仁济和保险公司在银行开户,存银 20 万两。

　　　是日,《华报》发表社评,指出通商银行的成立是个壮举,"开两千年来未有之局,立十八省之富强之基"。

29 日　张振勋自新加坡汇银 4 万两存通商银行总行。

30 日　由汇丰银行大班哲生、楷士作保,厚士敦与银行订立合同,订明厚士敦任北京分行代理洋大班,时间 5 年。聘请梁景和为天津分行董事。

31 日　仁济和保险公司在银行第二次存银 20 万两。

本月　银行参照汇丰银行帐簿,制订欠帐抵押凭据单、保单式样。初拟分行章程。

6 月 2 日　总董会议决定:银行总行、分行招牌按照汇丰银行、德华银行式样,一律用铜板制作,尺寸一样,汉文下面横写英文。北京、长沙、扬州三分行例外,另写招牌。盛宣怀要求银行承汇官、商款项,要格外就近招徕,"汇费少,甚至当差无利,亦须承接"，"汇丰银行汇票不赚不做，通商银行汇票不赚亦要做"。

8 日　汉口分行开业，大班林友梅。

12 日　英国恭珮珥公司银行经理到沪，与银行总董商议开设通商银行伦敦分行事宜。

　　　严信厚要求盛宣怀将铁路外债借款 300 万两拨存通商银行。

13 日　烟台分行开业，大班万霞如。

14 日　委办福州招商局事宜的王叔蕃致函盛宣怀，举荐当地钱庄经理王荫人为福州分行大班。

19 日　上海《华报》发表署名徐宇君的文章：《闻中国通商银行开张喜而论之》，祝贺通商银行开办。

本月　张振勋汇银 14000 两存通商银行。

7 月 3 日　总行与洪秉钧签订合同，聘请洪氏为汕头分行大班。

9 日　盛宣怀将部分分行董事大班职衔照会总董：广州分行董事候选道王同燮，香港分行董事内阁中书吴文钜（后改温灏，字佐才），九江分行董事户部郎中郑炳勋，长沙分行董事江西候补道朱昌林，天津分行董事直隶候补道梁绍祥（景和）、山东候补同知王文郁；镇江分行董事内阁中书尹德坤。

10 日　严信厚等条陈分行章程 12 条。

13 日　经盛宣怀与电报局商定，所有铁路总公司、通商银行电报费统一列作四等，以半价计算，核收现金。

　　　聘请王文郁任北京分行兼天津分行董事。

15 日　议订分行大概章程 25 条，但此后并未颁布施行。

30 日　郑观应致函盛宣怀，力主分行开办存款业务活动。

8 月 6 日　总行筹开沙市银行。

13 日　总行与天津分行大班梁景和签订合同，由梁景和之兄梁绍刚作保，保单规定："保梁景和如有亏欠本行银两及所用之人有亏欠本行银两，梁景和不能填还，惟现保人是问。"

　　　熊希龄致函盛宣怀，呼吁开办长沙分行。

28 日　香港分行开业。总董温灏（佐才），洋大班拉打，华大班冯厚光。

9 月 14 日　汕头分行开业。

25 日　郑观应推荐亲戚容达舫为香港分行董事，盛宣怀以用人有规定，未予采纳。

28 日　镇江分行开办。董事尹德坤,实际事务由其侄尹稚山办理,大班梅桐村。

10 月 19 日　镇江关道长久山拒绝将关款拨存通商银行。

本月　通商银行与三姓金矿公司签订合同,规定所有公司兑金余利除提花红外,悉归通商银行、三姓金矿公司对分,公司日常开支费用由两家各半分担。

11 月 15 日　议定户部存银百万两,长年周息 5 厘,存放 6 年,限满后分 5 年归还,每年 20 万两,息亦递减,至第十年本银偿清为止。

28 日　聘冯商盘为北京分行董事,后改为天津分行董事。

12 月 4 日　上海发生贴票风潮,钱庄连累倒闭数十家。银行压缩对庄号放款,改做有抵押品的工商企业放款。

8 日　天津分行开业。

26 日　总董会议决定:银行股票背面印英文,由美德伦、陈淦列名签字。

30 日　铁路总公司在通商银行开户存银 10 万两。

本月　保定分行开业。

1898 年(光绪二十四年)

1 月　盛宣怀授大理寺少卿。

28 日　总董致函盛宣怀:"现在分行统遵照合同办理,若不设法整顿,将来设有意外风波,董等不任其咎。嗣后续议添设分行,拟请由总行举荐妥人,先与董等会同商酌后呈请督办酌夺施行,以期指臂相联。"

29 日　总董刘学询回籍,声明以后不再过问行事,总董会议决定将其除名。

福州分行开业,大班为同知衔候选通判王同恩。

常德分行开业,大班为候选同知蒋定琨。总董会议并与盛宣怀共同决定:聘前内务府郎中庆宽为总行北路总董,三品衔候选知府孙树勋为备充总董。

2 月 2 日　总董致函盛宣怀,报告汉口、镇江、烟台、天津等处分行放款均违章程规定,请其致函迅速纠正。

5 月 4 日　北京分行开业。

本月　盛宣怀奏呈《中国通商银行次第开设情形折》,请求清政府"通令各省关,嗣后凡存解官款,但系设有中国通商银行之处,务希统交银行收存汇解,以符事体而树风声"。

6月11日 光绪帝颁布国是诏,宣布维新变法。

21日 盛宣怀分别致电天津、烟台、汉口、广州、汕头、镇江等分行大班,限定七日之内将四月以前月报速寄总行。

28日 美德伦函告盛宣怀:"查得总银行除有真帐外,尚有假帐。"

7月7日 总行与拉打签订正式聘用合同。

8月17日 总行与梁景和重订聘用合同议据15条,派定梁氏为天津分行代理大班,任期一年。合同规定:"凡有亏累本银行银两,不论该银行大班抑或其所用之人均须赔偿。如不赔偿,追究保人。"因梁氏前已有保单存行,此次不必另立保举。这为日后解决"梁案"埋下了隐患。

9月21日 慈禧太后发动政变,幽禁光绪帝,诛杀谭嗣同等6人,戊戌变法失败。

10月 盛宣怀上奏请推广通商银行以流通自铸银元折,指出"一年有余,查阅10处银行帐目,汇兑官款甚属稀少。各省关于奉旨所开银行漠不相关",请求清政府"饬下户部、各直省督抚监督与通商银行商订切实办法,切勿置之度外"。

广州股东戴春荣等向总行反映:广州分行大班王同燮"一心两用","一身两任",既任大班,又任源丰润号司事,"是有银行之名而无银行之实",要求易人。

12月3日 户部将库伦昭信股票银20万两拨存北京分行。

1899年(光绪二十五年)

3月23日 山东义和团朱红灯率部起义。

4月22日 三姓金矿公司在银行开户存银4万两。

10月 盛宣怀奉旨入京,慈禧太后召见时,盛"条陈时势"。

11月3日 重庆分行开业,大班包星北。

12月 截至本月,汉冶萍公司拖欠银行银20万两。

本年 新加坡分行开业。

1900年(光绪二十六年)

1月 第五届银行帐略,股息已给,收付两抵,净余银13万两。

2月8日	汉口分行大班林友梅致函盛宣怀,揭发华大班陈淦与铁路总公司赵宗祥"狼狈为奸,统上海无不知,三年银行,私家几万"。
3月29日	汕头分行自开办以来,共积欠总行银 52500 两,今日停办。 北京分行洋大班厚士敦升为正式大班,年薪 6000 两。美德伦由总行代理洋大班升为正式大班。
4月10日	总董叶成忠病故。
5月4日	香港分行董事温灏向盛宣怀胪陈管见 10 条,指出香港分行华洋大班"彼此不和","办事人员散懒无规矩"。建议以后"勿庸添雇洋员",要求总行迅颁分行章程、整顿分行。
6月13日	义和团在京津等地开始攻打焚毁教堂。
15日	英、法、日、俄、德等国派兵,联合发动侵华战争。
22日	北京分行遭荣禄所统武卫中军焚抢,被抢现银 66809 两。房屋被毁,约合银 23415 两,合计损失 90225 两。有价证券契据一时难以统计。天津分行因联军入侵被迫关闭。
本月	盛宣怀参与两江总督刘坤一、湖广总督张之洞等发起的"东南互保"活动,与驻沪各国领事订立互保章程,确保长江沿岸各省社会秩序安定和外人生命财产安全。清政府任命盛宣怀为会办商务大臣,驻沪办事。
7月	银行第六届帐略,股息已给,收支两抵,盈余 114232 两。
14日	上海海关道余联沅应荣禄要求,札饬通商银行归还所存北京分行武卫中军饷银 31 万两。
27日	就归还武卫中军饷银一事,盛宣怀与总董商拟复奏。
本月	北京分行洋大班庄士敦、天津分行华大班梁景和避难来沪。
8月3日	慈禧太后谕令江海关道余联沅转告通商银行:武卫中军饷银就近交存上海道库,以便随时拨运。
4日	天津分行大班梁景和在沪病逝。
8日	总董施则敬因老告退。
15日	盛宣怀照会余联沅,以北京分行存银被抢,放款一时无法收回相告,要求"暂行展缓或分期赔缴"。
9月20日	总董会议,为追讨旧欠,决定恢复天津分行业务活动。
28日	陈淦致函梁景和保人梁绍刚,请其来沪,共同清理梁景和帐目。
10月11日	就减发股息(每股由 8 厘减至 6 厘)一事,银行在报上发表告

股东书。

20 日　梁绍刚香港来电,拒绝来沪。

26 日　总行电催天津分行大班冯商盘、买办陈日初加紧催收放款。

11 月 6 日　经周馥、奎俊同意,重庆分行与渝地庄号分存汇解川省藩库银。

张振榖电催通商银行,迅速拨还津海防局所存天津分行捐银 33 万两。

12 月 16 日　烟台分行大班万霞如病故,其子万耕畲继任大班。

1901 年(光绪二十七年)

1 月　李鸿章令银行先期交还天津海防捐银 6 万两。

4 日　总行与烟台分行大班万耕畲签订合同。

6 日　荣禄电催北京分行归还其存款 2 万两。

10 日　意大利使馆强行占用北京分行房屋地基,盛宣怀为此电函李鸿章,请政府出面交涉。

23 日　福州分行自开办以来,至今已亏银 5484 两,今日裁撤。

本月某日　因盛宣怀办理两宫回銮大差出力,深得慈禧太后赞许,慈禧曾对荣禄说:"今日看来,盛宣怀是不可少之人。"

第七届银行帐略公布,股息未发,净余 113944 两。

2 月 18 日　重庆分行大班包星北到沪,指出庄号"刁难过甚,分行盈余有限"。

26 日　美德伦前往香港,与拉打谋划撤换华大班冯厚光。

3 月 8 日　经慈禧太后谕准,武卫中军饷银归还 26 万两,被抢 5 万作为罢论。

13 日　包星北病故,重庆分行大班由其侄包国康继任,但包国康并未到任,只是托一镇江人吴某代理。

20 日　盛宣怀指示总行派人清查卢保铁路北段工程与天津分行来往存欠帐目。

5 月 1 日　就北京分行在庚子事变中散失有价证券票据一事,盛宣怀致电李鸿章,请李向各国公使馆声明挂失。

3 日　长芦盐运使杨艺芳致函通商银行,请向盐商贷放银款。

13 日　香港发生瘟疫,总董电催香港分行迅速收回放款。

21 日　厚士敦揭发天津分行帐目不清,总行令陈日初来沪核帐。

28 日　总行令厚士敦、冯商盘、陈日初清查梁景和个人私帐。

29 日　英国驻天津领事阻挠天津分行"悬牌开市",恢复营业。

30 日　北京分行房屋地基被划入使馆区,清政府付给银行银 55266 两。

6 月 15 日　李鸿章在京议和需款,因嫌汇丰、道胜银行汇费太贵,要求通商承汇官款 12 万两。盛宣怀指示总行,汇费要较外国银行便宜。

17 日　盛宣怀同意美德伦、拉打要求,辞退香港分行华大班冯厚光。

21 日　美国驻沪领事、律师佑干尼推荐美人礼满当总行洋帐房会计。

7 月 26 日　拉打擅自在香港报纸上刊登招聘香港分行华大班启事。

8 月　截至本月,银行承解各地汇解西安行在汇款 30 万两。

第八届银行帐略,股息未发,收付两抵,净余 36552 两。

11 日　股东王香谷、张洪南等 21 人联名致函总行,揭发香港分行洋大班拉打"违章揽权,擅出告白,招充买办"。

18 日　为筹缴赔款,江西巡抚李勉林致电银行,请押借银 20 万两。

9 月　清政府任命盛宣怀为办理商税事务大臣。

23 日　截至本日,北京分行所放款项未能收回仍达 74076 两,天津分行所放款项未能收回仍达 420882 两。

10 月 10 日　香港顺全隆洋行买办韦华廉任香港分行华大班。

11 日　天津分行帐目清查结果:截止到 1900 年 9 月 23 日,梁景和亏欠和挪用行款共计 973245 两。

21 日　香港分行温灏致电总行:香港分行屡次办理华商电汇均属迟误,查证结果,这些款项均由洋大班拉打办理所致。

28 日　四川藩司决定以后不再分拨款项交由重庆分行承汇。

11 月 7 日　盛宣怀致函四川总督锡良,请其对重庆分行承汇揽解官款一事予以关照。

12 月 11 日　盛宣怀加封太子少保衔。

16 日　卢保铁路总办孙锺祥致电盛宣怀,要总董迅速电汇银 2 万两,作为办理两宫回銮大差,汇费要格外优惠。

1902 年(光绪二十八年)

1 月　第九届银行帐略公布,股息未发,收付两抵,亏银 65000 两。

10 日　洋帐房新添大写哈罗而特(后改任天津分行洋大班)。

前新疆石城知县王俊要求退还所持通商银行五福堂股票银 5000 两。总董会议不允。

11 日　截至本日,磁州矿务局共积欠通商银行银 5 万两。

30 日　总董会议决定:钱荫堂任北京分行华大班,冯商盘任天津分行华大班,英人厚士敦、哈罗而特分任京、津两分行洋大班。

2 月 12 日　上海总行发生韩祝三携行款 1 万两潜逃事件。

15 日　盛宣怀致函宁波知府,请其选派干差,协助缉拿韩祝三。

本月　清政府授盛宣怀为工部左侍郎。

3 月 7 日　总董会议决定:嗣后美德伦所做各户往来股票押银一般以 10 万两为限,股票押款最高不得超过 25 万两。所作押款必须于两月之内收回;以后美德伦不论做何项押款,在未付银两之前,须先行开单查核,不得先付后报。

4 月 16 日　总行与钱荫堂签订聘用合同。

17 日　宋汉章任通商银行总行翻译,月薪银 125 两。

5 月 12 日　广州分行大班王同燮病故。

6 月 11 日　盛宣怀致函总董,指出银行自开办以来,"总行调度不得要领,各分行生意不能扩充,间有盈余,亦甚微薄,脉络不贯,汇划不多,存款不旺"。

7 月 5 日　严漱任驻总行办事董事,月薪银 300 两。

第十届银行帐略公布,股息(6 厘)已给,收付两抵,净亏银 28381 两。

8 月 18 日　袁世凯以军情急需,札饬通商银行迅速拨解存放天津分行海防捐银 12 万两,否则进行"参究"。因此存款尚未到期,总行颇感为难。迫于袁氏威势,只得拨还。

10 月 18 日　总行奉旨汇解存行四川备赈银 6 万两。

1903 年(光绪二十九年)

1 月　第十一届银行帐略公布,股息已给,收付两抵,净亏银 9185 两。

2 月 4 日　日本人山下忠太郎、管野原之助、上田元七、中井义之助等人伪造通商银行钞票,被总行营业部发现,消息传出,一时人心恐慌,持行钞者纷纷要求兑换。

5 日　上海钱业公会宣布拒用通商银行钞票。大批持行钞者蜂拥至总行要求兑换,遂发生挤兑风潮。为保证兑换,通商银行以金银条作抵押,借得汇丰银行钞票 70 万元,方才平息挤兑。

6 日　日人上田元七再持伪票至汇丰银行要求兑换,被当场扭获,供出犯罪事实。总计,此次银行钞票被挤兑换 100 万两以上。银行钞票流通量降至 9 万两。

29 日　应盛宣怀请求,清政府向日本驻沪领事小田切万寿之助提出交涉,要求引渡罪犯,赔偿银行损失。小田切以"伪造他国钞票,日本法律无专条",加以拒绝。

总行司事魏官柱(秋农)任总行、分行查帐员,月薪 75 两。

3 月 27 日　盛宣怀奏请将通商银行股票改作萍乡煤矿商股,所存官款移存汉阳铁厂,未获清政府批准。

31 日　银行奉旨开始提还户部存款 100 万两。盛宣怀致函总董,将各分行陆续裁撤,原存各分行股银收回,归并总行。日后专做总行生意。

本月　两宫銮舆,途经保定,慈禧太后召见盛宣怀。

4 月 7 日　镇江关道向总行呈上尹稚山押借关款 41 万息银清单。

5 月 4 日　卞宜德大代表奥地利政府向通商银行呈送中奥合办通商银行事宜条陈,企图吞并通商银行。

11 日　就沪宁铁路借款 25 万镑拨存通商银行一事,盛宣怀与银公司代理人怡和洋行草签合同书。

22 日　总行第一次拨还户部存银 20 万两。

6 月 3 日　截至本日,镇江分行备本往来两项共欠总行银 167227 两,重庆分行欠总行银 54522 两。

23 日　保定分行裁撤。

28 日　盛宣怀致函总董,限在三个月内裁撤天津、烟台、香港、广州、镇江、重庆等分行。

7 月 4 日　海关副总税务司裴式楷向盛宣怀呈送《财政论略》。

9 日　盛宣怀就沪宁铁路借款拨存通商银行,与中英公司签订合同。

本月　第十二届银行帐略公布,股息已发,收付两抵,净余 5940 两。

8 月 15 日　华俄道胜银行以天津裕盛成号拖欠该行行款事,阻挠裕盛成号换名过户给通商银行。

1904 年(光绪三十年)

1 月 1 日　法国驻沪领事致函盛宣怀,要求将通商银行与在沪法兰西银

　　行"合并开办"。盛宣怀以"近年各国到此(指上海)添设银行不少,中国是一主人,仅一通商银行,论面子亦断不能少",加以拒绝。

20日　奥地利商人满德求见盛宣怀,表示奥地利政府愿出官股与通商银行"合办",再次遭到盛宣怀拒绝。

21日　法国驻沪领事第二次求见盛宣怀,要求中法合办通商银行,再次遭到盛宣怀的拒绝。盛宣怀表示"通商银行无论何国,均未便附股"。

23日　奥地利商人满德第三次致函盛宣怀,并附中奥合办银行章程,要求与通商银行合办银行,再一次遭到拒绝。

本月　第十三届银行帐略公布,股息已给,收付两抵,净余17631两。

3月27日　重庆分行停办。

　7月　第十四届银行帐略公布,股息已给,收付两抵,净亏14504两。

8月7日　盛宣怀电令镇江分行,立即将月总帐略寄给总行。

9月4日　美德伦未经总董同意,私自增添洋帐房大写一名,月支薪300两。总董会议,令其改正。

15日　镇江分行尹稚山病故。镇江关道要求总行归还尹稚山所欠镇江关官款41万两。总行立即派魏官柱、赵兴邦等总行华帐房人员前往镇江分行查帐。

10月3日　津海关道唐绍仪电函总行归还海关道所存天津分行官款8万余两。

11日　镇江分行帐目清查结果,尹稚山亏欠镇江关官款属实。

12日　李钟珏(字平书)从招商局调任通商银行,任驻行办事董事。同日,盛宣怀致电两江总督端方、江宁布政使黄建莞(花农),请他们电饬扬州、镇江、通州、江都、如皋等地府、县协助查抄尹稚山家产,以填行亏。

21日　黄建莞复电盛宣怀,表示全力支持查追尹氏家产。

11月2日　如皋知县查抄的尹氏家产被盗,黄建莞电责如皋知县迅速破案,否则"究参"。该县令惶恐万状,表示愿意垫款代赔。

　8日　端方电告盛宣怀:尹稚山亏挪镇江关款,通商银行难辞其咎,要盛宣怀"详察审处"。

　9日　总行派宋汉章、魏官柱前往天津查帐。

19日　盛宣怀复电端方,对其协助"追查尹产,有求必应,致为钦感"。

20 日　端方电饬扬州知府、江都知县,立即提审尹德坤,"限十日内严追,契据入官"。

27 日　总行查清镇江分行尹稚山挪欠镇江关道公款银 41 万两属实。总董公议:此事与行无涉,应由关道自行向尹稚山家属索赔追收。端方电告盛宣怀,尹稚山亏挪官款,通商银行"难置身事外",要盛"评察慎处",提议变卖尹稚山家产,以所得之款充还官款,不足之数由银行、关道摊还。

本年内　由英国伦敦钞票公司印制通商银行新钞 5 元、10 元、50 元三种。

1905 年(光绪三十一年)

1 月 2 日　通商银行承办公益堂彩票,将查抄的尹产开彩拍卖,共得银 23 万两,归还镇江关。不敷 18 万两,银行垫赔 6.6 万两。下余援照宜昌关成案,分年摊还。这次银行承购彩票 13 万两,加上为尹稚山代赔 6.6 万两,合计因"尹案"银行共亏损 43 万两。

18 日　香港分行发生广益和面粉店石何山拖欠行款 2 万两潜逃事件。

本月　第十五届银行帐略公布,股息已给,收付两抵,净亏 70992 两。

2 月 3 日　烟台分行大班万涌基电告总行:该行自日俄战争后"业务平淡,沾润毫无"。

9 日　温灏致函总董:香港分行之弊"在糜重薪以肥外人",因此无利可图。

4 月　汉阳铁厂自盛宣怀接手招商承办,截至本月已亏银 200 万两。

20 日　总董会议决定:以盛宣怀在银行开办之初所垫股银 34 万两,与汉阳铁厂所欠通商银行 36 万两相抵消,所有汉阳铁厂押款契据即日归还铁厂,盛宣怀所持银行股票 6800 股亦归银行收受。此后股票价值涨落与盛宣怀无涉。

5 月　慈禧太后召见盛宣怀。

26 日　天津分行招人承租天津贻来牟机器磨面厂。

6 月 7 日　就梁绍刚拒绝赔偿天津分行梁景和亏欠行款一事,总行向香港地方法院对梁绍刚提起诉讼。

19 日　香港分行停办。

7月2日　天津分行停办。洋大班哈罗而特以总行事先未告之辞退，要总行赔偿一年薪水，否则诉诸法律解决。盛宣怀为减少麻烦，答应给其上等回国船票和三个月薪水。

第十六届银行帐略公布，股息已给，收付两抵，净欠 47069 两。银行公积由 31 万两降至 23 万两。

11日　银行与铁路总公司议订提取沪宁铁路借款 25 万镑具体期限办法。

16日　镇江分行停办。总董向盛宣怀汇报自庚子事变后，京津两分行放款不能收回、"梁案"上控未能了结、梁氏亏累总行 70 万两、镇江尹稚山亏欠总行 32 万两等种种被屈情形。

8月6日　总行制订《中国通商银行详细章程》108 条。

11日　银行虚本实利 105 万两。盛宣怀与总董决定以发行钞票、减低股息、裁撤洋帐房和大部分分行、争存铁路外债借款等办法来弥补行亏。

盛宣怀致函温灏，反对将通商银行与正在筹开的户部银行合办。

13日　总行华大班陈淦病故。上海钱业北市董事谢纶辉受聘为继任华大班，盛宣怀外甥兼管家顾咏铨（一写詠铨）为副华大班。

14日　盛宣怀向通商银行提出，以后仍要对汉冶萍作长期放款，"自家生意自家做，未便让人"。

9月　盛宣怀因奉旨与外国议订商约来沪，在陛辞时，慈禧太后叮嘱："出京后遇有要政，可密奏。"

1日　盛宣怀电告谢纶辉、顾咏铨："有银款可即买标金和定金。"（意即购汇）分别札饬亲信孙用钊、巢凤冈及冯商盘等人，令他们认真催讨京津两分行所放拆款。

8日　总行年开支银为 7 万两，其中洋帐房占一半。总董议定裁撤洋帐房，以节用开支。

18日　总行与谢纶辉签订聘合同。总董决议：股息由 8 厘减至 6 厘。就减息一事，在报上刊登告股东书。

25日　总行与长芦盐商纲总王凤歧、李宝垣协议往来办法。

10月10日　总董指出洋大班除钞票签字、核对洋帐单、遇有交涉为本行出面三事外，余皆无关紧要，指出美德伦违章揽权、占租房屋不付房租、所作押款偏于洋人，均于行章不合。

11 月 25 日　沈敦和(仲礼)任通商银行总董。

12 月 23 日　盛宣怀电告钱荫堂,认真追办伙友亏挪北京分行款 18000 两一事。

是年　清政府开办大清户部银行(即后来的中国银行)。盛宣怀电告温灏,银行不便与户部银行"合并"。

1906 年(光绪三十二年)

1 月 17 日　盛宣怀复函奥地利驻华参赞,再次拒绝奥地利合并通商银行要求。

第十七届银行帐略公布,股息已给,收付两抵,盈余 75000 两。

3 月 7 日　总行聘请美国人福开森前往香港,同梁绍刚进行交涉。烟台分行停办。

10 日　梁绍刚转移个人财产,拒绝与福开森交涉。

14 日　福开森香港来电:"梁绍刚无意通融解决,其意出自通商银行所聘律师之意。"

18 日　盛宣怀通知福开森:"停议,速回。"

4 月 14 日　为追讨旧天津分行所放拆款,兼营汇兑,重新设立新天津分行,以纪联荣为大班。

5 月 3 日　浙江兴业银行开办。

9 月 28 日　盛宣怀电函顾咏铨,令其速汇银 3000 两给北京宝兴隆金店袁宝三,代盛文颐捐纳通判一职。

11 月 6 日　户部更名度支部。

是年　镇江兴义银行开办。商部奏请设立模范商业银行。

1907 年(光绪三十三年)

1 月 15 日　广州发生周石甫携欠行款潜逃事件。盛宣怀致函两广总督周馥,请其"风行草偃,严密饬行广州知府押追"。

2 月 11 日　北京分行改为代办处,业务由宝兴隆金店袁宝三代办。

3 月 8 日　银行因所存正太铁路借款息率问题与邮传部发生争执。

4 月 12 日　盛宣怀与邮传部议定正太铁路存通商银行利息统按 4.5 厘了结,为此,通商银行须贴赔银 39000 两。

5 月 18 日　邮传部忽将原定长存通商银行的京张铁路债款银 40 万两全部提走,"不提道胜,全提华商",对通商银行进行报复。

7月23日　盛宣怀致函广东按察使龚心湛,就周石甫亏欠通商行款潜逃一事,指出:"通商银行系奉旨开办,领有部款在内,与寻常商办银行不同。"要求其"札饬府县赶紧勒追,将所查封产业从速估价变卖"。

1908年(光绪三十四年)

2月　户部银行更名大清银行。

3月　盛宣怀补授邮传部右侍郎。

4月9日　盛宣怀要求天津电报局委员王仲良到上海会审公廨为梁景和亏欠行款一事出庭作证。

24日　盛宣怀连续数函谢纶辉、顾咏铨:"汉冶萍长期放款,仍望预筹转票为要。"

5月12日　王仲良在上海会审公廨讯问堂作证签字。

6月18日　王存善致函苏州张光照(天津海关道张振荣之子):梁景和累总行70余万,缠讼数年,讼费数万两,而今一无所得。

是年　交通银行、四明银行相继开办。

1909年(宣统元年)

1月　第二十三届银行帐略公布,股息已给,收付两抵,净余128953两,公积已达47万两。

3月　截至本月,银行仍亏空银67万两。

4月2日　盛宣怀函告总董:"本督办奉旨招股选董,承办此举,原为中国开利源,不料迭遭患难,致亏巨本,始愿难偿。""本行出入帐目不特股东所未悉,即本督办亦不能知。"要求迅速造送简明帐略,以便"复核发布"。

6日　盛宣怀指出总董对银行帐目"亦未必了然","一经股东诘责,恐无词以对,这是陈笙郊一人的过错"。"通商银行不作汇票,无多存款,即欲造详细月总亦不及又新公司之半数,轮、电局之什一,何难之有天下极易之事而辗转之,无怪股商之多言也。"

6月8日　香港地方高等法院就"梁(景和)案"作出第二次判决:此案与保人梁绍刚无涉,所有讼费全由通商银行承担。银行控告梁绍刚一案败诉。

7 月　第二十四届银行帐略公布,股息已给,收付两抵,净余 67283
两,公积已达 52 万两。

10 月 5 日　盛宣怀与总董议决:聘请英国律师仇客、普沙向英国伦敦枢密
院提出上诉,要求复审香港地方高等法院对"梁案"的裁决。

11 月 5 日　盛宣怀致函清朝驻英公使李经方,就通商银行伦敦上控一事,
要他"详告(英国)枢密院秉公主持,仍照香港地方高等法院第
一次判决办理,不宜偏重英律,以平华商之心"。

6 日　总董致函盛宣怀:"伦敦上控,只可使伯使(李经方,字伯行)以
情动之,若执简而争,必致失败。"

1910 年(宣统二年)

1 月　第二十五届帐略公布,股息已给,收付两抵,净余 48320 两,公
积已达 58 万两。

2 月　截至本月,银行亏空为 87.6 万两。

16 日　日人橘三郎拖欠行款 3 万两,总董致函盛宣怀,要其电催
还款。

17 日　盛宣怀致函袁宝三,要他为其子侄盛艾臣、盛昇颐、盛毓常、盛
毓宗办理捐官事宜。

19 日　袁宝三代总行承接鄂捐银 6.1 万两。

5 月 30 日　李经方伦敦来电,函告盛宣怀:"承示各节,缪葛甚多,办理
不易。"

12 月 21 日　北京刘冕向盛宣怀呈递《中国通商兴业银行章程》,建议盛宣
怀将通商银行扩充改为经营汇兑、典当性质的银行。

1911 年(宣统三年)

1 月　盛宣怀升任邮传部尚书。

2 月 24 日　沈敦和函告盛宣怀,香港律师阻挠银行伦敦上控。

4 月 8 日　因四川保路运动发生,盛宣怀急电顾咏铨:"趁此银根尚宽,务
将刘长荫、萧公峰、王眉白、黄绩记、信大庄、协和公司、裕泰纱
厂各欠款,设法紧催收回,为金蝉脱壳之计,以全我通商头等
名誉,将大有作为。"

13 日　邮传部拨新币 50 万元交通商银行流通使用。

14 日　邮传部拨日币 75 万元交存通商银行。

5月13日　招商局董事施禄生就招商局将所购通商银行股票、汉冶萍公司股票作为股东股息搭放给股东一事致函盛宣怀。

本月　给事中石长信上奏，请将铁路干路收归国有，支路听商民自办。旨交邮传部复议，盛宣怀复奏称"所筹办法，尚属妥协"，表示赞成。但铁路国有政策立即遭到内阁及各省商民反对。但盛宣怀无视民意，旋与英、德、法、美四国银行团订立粤汉、川汉铁路借款600万镑合同，并表示若不敷，再续借400万镑。此举再次激起南方各省强烈反对，随之引发成都保路运动。清廷一面派端方入川镇压保路运动，一面以盛宣怀"办理不善，违法行私，贻误大局"，将其革职，永不叙用。任命唐绍仪为邮传部尚书。

6月26日　总董致函盛宣怀，告之"近因招商局股票分出四五十万两，换名过户者纷至沓来，计换给新股票者有40多万两，数目甚巨"。

8月13日　盛宣怀指示总董，停支美国人福开森薪水。指示顾咏铨在银行"愚记"名下，拨银5万两，汇寄汉冶萍公司。

9月　长江中下游发生严重水灾。

10月10日　武昌起义爆发。

13日　盛宣怀急电顾咏铨：度支部需款甚急，令其派人用招商局船赴江宁造币厂装运现钞三十万元运至秦皇岛。

英国伦敦枢密院宣布于11月15日开庭审理通商银行上控案。

15日　盛宣怀急电顾咏铨，望在通商银行库存现银中"代留数万备用"。

19日　通商银行使用度支部存行新币。

21日　因萍乡工人罢工，汉冶萍公司告急。盛宣怀通令通商银行向汇丰银行押借50万两，立即雇用日清邮传会社轮船运银20万两至萍乡。

23日　盛宣怀急电顾咏铨：速拨新币30万元交汉冶萍用。

24日　顾咏铨密电盛宣怀："沪极赞革党，部电官军胜。"

26日　武昌起义爆发后，资政院的议员和御史们上奏，要求将盛宣怀"明正典刑"，加以处死。盛宣怀向驻外使馆求救。迫于列强压力，奕劻表示同意盛可以离京。在英、美、法、德、日等使馆人员保护下，盛宣怀先逃往天津，再由德人用轮船送至青岛，由日人送至大连，最后送至日本神户。

盛宣怀在未出逃前，为了保住通商银行，对总董连发指示：加强联络，总董们要日日驻行，事无巨细，共同商讨；同他保持联系，随时听从他"指挥"；放款要格外小心；加紧催收已放款项，免蹈庚辛覆辙；加强与外商联络，必要时将行内重要有价证券寄存外国银行，以避风险；拨款援救汉冶萍公司等。

11月4日　上海宣布独立，成立沪军都督府，以陈其美为都督。都督府查封上海大清银行和交通银行。由于都督府领导成员中不少人如李钟珏（平书）等人是银行董事或在行内有存款，沪军都督府并无接管通商银行之意。

　　5日　因盛宣怀是通商银行督办，总董担心银行被封查，在沪上各报刊登声明：本行并非官办，纯属商办，系一家商股商办的商业银行，权力属于股东，将召开股东大会，选举董事。在股东大会未召开前，行务由现有总行董事共同主持。

　　6日　银行声明刊出后，有人指出通商银行英文名为"中华帝国银行"。总董随即又登报更易英文行名为"中华商业银行"。将钞票上面英文"帝国"二字用双条墨线删去，另加盖"商业"二字。

　　7日　沪军都督府行文通商银行华大班谢纶辉：以后银行改易名称、用人行政均归沪军都督府财政总长节制。总董公议：本行系属完全商办，请军政府不必干预。银行筹议召开首届股东代表大会、选举董事。

　　13日　都督府正式派人来行查帐，并很快查出清政府度支部币制局存行购铜款60万两。其中30万两早被银行当作钞票使用，沪军都督府只没收了30万两。

1912年（民国元年）

　　3月　银行将钞票上英文名字 The Imperial Bank of China（中华帝国银行）改为 The Commericial Bank of China（中华商业银行）。

4月23日　截至本日，通商银行更换股票一万张。银行公积已达82万两。

　　6月　盛宣怀从日本回到上海。

1913 年(民国二年)

1 月　　盛宣怀指使钦其宝将通商银行外滩总行房屋地基转售外国人,以防被民国政府没收。

2 月 10 日　温灏致函盛宣怀,指出通商银行"虽全属商股,名为商办,已隐含有官督商办性质。十余年来,从未闻召开股东大会,选举董事,查核帐目,所谓股东徒有义务而无权利,久已啧有烦言"。"今时移事易,自应按照商律完全商办。"要求于 1913 年定期召开股东大会,商议改良一切。

7 月 11 日　顾咏铨致函盛宣怀"革命以后,北京分行一无所事",建议裁撤。盛宣怀指示:"减少开支费用,仍留其名。"

本月　　前镇江分行董事尹元仲致函通商银行总董,就"尹案"表示"冤屈"。盛宣怀在给张謇、陶思澄等人信中指出:"此种铁案希图翻控,则共和约法不甚其烦矣。""尹元仲私亏公项,据奉咨追,案卷具在,所有帐目均存银行,班班可考。至今尚欠行款 16 万两。"

第三十二届帐略公布,股息已给,收付两抵,净余 123816 两,公积已达 93 万两。

是年　　盛宣怀仍继任汉冶萍公司董事长。

1914 年(民国三年)

2 月 9 日　六合公司以盛宣怀作保,以英册道契 39.565 亩,押借行款 12 万两。

3 月　　银行弥清全部亏空,股票息银由 6 厘恢复至 8 厘。

4 月　　首届股东代表会假座上海张园召开。新增傅筱庵为总行议事董事。

7 月　　第三十四届帐略公布,股息已给,收付两抵,净欠 10253 两,公积为 82 万两。

1916 年(民国五年)

4 月 27 日　盛宣怀在上海病逝。

5 月 21 日　盛宣怀之子盛重颐、盛同颐、盛恩颐、盛昇颐及侄儿盛毓常联名致函通商银行,要求将所有盛家与银行往来所用"肇和"户名更改为"盛积善记",支票亦盖用"积善记"图章,并由银行大班顾咏铨或盛玉麐(有一人即可)亲笔签字,方可有效。

5 月 22 日　总董陈猷(辉庭)以老病告退,银行董事会公举盛蘋臣为银行董事。

11 月 3 日　总董王存善(子展)去世,其总董一职由顾咏铨兼任。

1917 年(民国六年)

是年　外国银行公会破例吸收通商银行为该会会员。银行票据汇划等业务活动为外国银行所承认。

1918 年(民国七年)

9 月 14 日　第四十二届帐略公布,股息已给,净余 129679 两,公积已达 119.45 万两。

是年　总董顾咏铨病故,盛艾臣任总董,接替顾的任职和所管事务。

1919 年(民国八年)

1 月 27 日　洋大班马歇尔缘事停职,总行所有业务事宜由华大班谢纶辉主持。

3 月 11 日　第四十三届帐略公布,股息已给,净余 120529 两,公积已达 121.5 万两。

4 月 3 日　总董盛艾臣去世。华大班谢纶辉病故,其子谢光甫受聘为银行副大班。

9 日　傅筱庵被举为银行华经理。"嗣后凡关于存放、借贷、抵押各款及进出利息,均须先经董事兼大班傅君许可,方可照行。"

6 月　为声援北京五四运动中被捕学生,上海全市罢市已经五天,全市金融一并停业。洋大班马歇尔回国,银行洋大班制度至此结束。银行"一切事务由傅君经手"。

14 日　银行董事会会议,选举沈仲礼、盛泽丞为正、副会长。

12 月　第四十四届帐略公布,股息已发,净余 130015 两,公积已达 124 万两。

是年　开设宁波分行。

1920 年(民国九年)

2 月　开设虹口分行、南市支行,"专收储蓄之款"。

第四十五届帐略公布。本年股息由 8 厘增至 1 分。净余
178210 两,公积已达 129 万两。董事会议再次确认日后有凡
存放、借贷、抵押款项及进出利息等事宜均须先经董事兼大班
傅筱庵许可方可照行。实际将银行大政全权交给傅筱庵。

10 月 15 日 华大班改称总理。

第四十六届帐略公布,股息已发,净余 225508 两,公积已达
139 万两。

是年 沈仲礼(敦和)病故。

1921 年(民国十年)

第四十七届帐略公布,股息已给,净余 383662 两,公积已达
162 万两。

4 月 北洋政府海军部以军费支绌,向银行借贷 25 万元。

北洋政府用公债券向通商银行押借 300 万元。

北洋政府发行十年公债,银行承购 100 万元。

银行承购北洋政府交通部短期车辆公债 5 万元。

9 月 23 日 陈辉庭因老病告退,辞去总董一职。

12 月 第四十八届帐略公布,股息已给,净余 243411 两,公积已达
171 万两。

是年 银行用"元记"名义,贷给北洋政府 200 万元。

1922 年(民国十一年)

2 月 16 日 陈猷辞去总董职务。

第四十九届帐略公布,股息已给,净余 206721 两,公积已达
177 万两。

是年 总行迁至黄浦路七号半大楼办公。

第五十届帐略公布,股息已给,净余 186297 两,公积已达 181
万两。

1923 年(民国十二年)

4 月 7 日 总董严信厚病逝。

是年 总董严潆去世。经傅筱庵提议,王心贯和上海总商会会长方
椒伯任银行董事。

第五十一届帐略公布,公积已达□□□万两。

1926 年(民国十五年)

是年 开设定海支行。

1927 年(民国十六年)

3 月 傅筱庵接替虞洽卿,出任第六届上海总商会会长。

4 月 国民革命军北伐军逼近上海,因傅筱庵支持孙传芳,社会谣传通商银行将有大变,遂废生行钞遭挤兑风潮。因库存现金充足,兑换裕如,风潮很快平息。

本月 北伐年进军上海,傅筱庵遭通缉,逃往大连。行务由谢光甫主持。

1929 年(民国十八年)

是年 银行存款 780 万元,对工商业放款为 1350 万元。

1930 年(民国十九年)

是年 银行存款 1635 万元。

1932 年(民国二十一年)

4 月 经杜月笙、张啸林等斡旋,南京国民政府撤销对傅筱庵的通缉令。傅由大连回到上海。

经傅筱庵同意,北伐军司令部处长徐桴(圣禅)和南京国民政府军政部军需处长朱孔阳(字守梅,号耐寒)在银行加入"股份"。

5 月 银行召开第二届股东代表大会,将银行原有股本 250 万两,以每股 1.4 元折算,将股本改为 250 万元。

6 月 董事会改组,董事中除傅筱庵、王心贯、谢光甫、徐冠南、朱子奎外,新增徐桴、朱孔阳、杜月笙、张啸林等人,傅筱庵任董事长,徐桴、谢光甫任副董事长。同时成立管理处。

1934 年(民国二十三年)

是年 银行存款为 3100 万元,对工商业放款达 3057 万元。

增开苏州分行、厦门支行、上海市区爱多利亚路支行。

银行在江西路、福州路口建造 17 层营业大楼,因工程浩大,缺口资金 200 万元,工程无法进行。不得已,经杜月笙出面,以低价 150 万元出售给顾诒谷,顾氏转手售予胡以庸,胡又转让给宋子文的中国建设银公司。宋氏令通商发行该公司卷烟印花税票 160 万元,轻易将大楼窃夺到手。

1935 年(民国二十四年)

5 月   白银风潮发生。中央、交通、中国三大银行囤积通商、四明、中国实业三行钞票,一次性要求兑换,人为造成挤兑风潮。通商银行因造楼亏空,向中央银行要求押借 300 万元,中央银行先答应后拒绝。傅筱庵请杜月笙、徐桴出面,中央银行才同意拨借 100 万元。

6 月 7 日   通商银行召开董事会,推举杜月笙为董事长,聘顾诒谷〔后改胡以庸(梅庵)〕为总经理。傅筱庵改为常务董事。银行大权落入杜月笙手中。

11 月   国民政府财政部宣布白银国有政策,实行币制改革,推行法币。宣布中央、交通、中国三行钞票为法定货币,通商银行钞票发行权至此丧失。

截至年底,银行发行钞票 2861 万元,实际流通为 2709 万元,通行苏、浙、沪、闽、鄂等省区十多个大中城市。

是年   对工商业放款为 2228 万元。本年帐略,股息已发,收付两抵,净欠 37 万元。

苏州分行发生卢少棠、卢炳生父子亏挪行款 39 万元事件。定海支行发生郑海小亏挪行款事件。厦门支行发生黄钦书亏挪行款事件。

1937 年(民国二十六年)

7 月   银行承购统一公债 290 多万元。用于金融投机的费用高达 1457 万元,获利 37.8 万元。

是年   经国民政府财政部核准,通商银行正式改组为官商合办银行,资本 400 万元,银行原有股本 250 万元按一成五折换成商股 52.5 万元,下余 347.5 万元由财政部用复兴公债抵充,作为官股。要求将银行库存现金及有价证券交财政部储存。但通商只交了三分之一。杜月笙任新通商银行董事长。

1938 年(民国二十七年)

8 月　通商、四明、中汇等银行在香港设立联合通讯处。银行将有价证券 700 万元寄存香港美国大通银行。上海总行所存有价证券则寄存上海美国花旗银行。

是年　傅筱庵投靠日本，充当汉奸。后出任伪大道市长，在 1941 年傅被杜月笙收买的傅家厨师砍死。

1941 年(民国三十年)

7 月　银行以在重庆地区放款为名，拨款 150 万元存中央银行。

1942 年(民国三十一年)

3 月　重庆分行设立。以骆清华为总经理，杜月笙长子杜维藩为副经理。

自太平洋战争爆发，上海沦为孤岛。日军驻沪财务官派华兴银行副经理原田为通商银行"监督"，派人来检查通商银行库存现金和有价证券及各项帐目。因杜月笙早有准备，故损失不大。汪伪政权建立后，接管通商银行，任命张文焕为"行长"，同时派特务李思浩为"董事"，监视银行员工。

1943 年(民国三十二年)

6 月　重庆分行升为银行总行，杜月笙以董事长兼总经理。同年在"开发大西北"的口号下，又分别开办西安、兰州、洛阳、天水、宝鸡、平凉、成都、自流井、衡阳、桂林等分行，对这些地区的工矿企业放款，并创办兰州中华毛纺厂、陕西冶炼厂和三秦面粉厂，给予资金通融，支持其生产活动。

是年　发行法币 754 亿元。

1944 年(民国三十三年)

是年　发行法币 1895 亿元。

当初中央银行存放通商银行官股和银行交存中央银行三分之

一有价证券合计约 1800 万元,折合黄金 1.8 万两。由于法币贬值,此时这些官股及欠款已值黄金 540 两。杜月笙及与银行有关的官僚宋子文等想用现时法币归还官股和官欠,将银行由"官商合办"变为"商办"。杜月笙以通商和四明、中国实业(这两行和通商情形一样)三行董事长名义,向财政部长俞鸿钧提出归还官股官欠,俞氏表示同意,并答应给三行提供 2400 万元低息贷款。但此事遭参议员反对而未果。

1945 年(民国三十四年)

8 月　总行由重庆迁至上海市中山东一路 7 号。

是年　银行存款为法币 19.8 亿元。

　　　杜月笙之子杜维屏任通商银行上海分行副经理。

1946 年(民国三十五年)

10 月　杜月笙以军统局预算未核实为由,指令通商银行贷款法币 5 亿元。

1947 年(民国三十六年)

5 月 27 日　银行隆重举行建行 50 周年庆祝活动。假座丽都花园演剧三日,发行纪念专辑。

是年　杜月笙等通过收买立法委员,立法院通过通商、四明、中华实业三行官股由政府按银行资产净值分别收回法案,随因内战爆发,法案搁置,未能成功。

　　　银行存款为法币 64 亿元,折合黄金 7600 两。

1948 年(民国三十七年)

是年　银行存款折合黄金 1500 两。

1949 年(民国三十八年)

3 月　杜月笙率眷携带行款前往香港。

4 月　上海解放。上海军管会依据没收官僚资本为全民所有的政策,将通商银行中的"官股"没收,"商股"保留,改"官股"为公股,并派出代表指导行务。

1951 年

　　5 月　通商银行与新华、四明、中国实业、建业等银行组成联合总管理处。

1952 年

　　是年　通商银行与上海其他 59 家银行、钱庄、信托公司参加上海市金融行业公私合营,银行业务并入中国人民银行上海市分行。通商银行正式宣告结束,前后在中国存在了 55 年。

二、与通商银行相关人物简介

　　按:盛宣怀生前经办企事业较多,因此与他发生交往以及他所聘用的人也多。这里主要根据"盛档""原存""各友薪水"和"书办名单""洪、宙、亥、虎、辰"等电报密码名单,及通商银行档案中涉及人员选录而成。有些人物见于专书,不作详述;有些与银行关系密切,虽名不见经传,但为了便于了解银行历史,仍加以选录。

　　盛宣怀　字杏荪,又字幼勖、补楼,号愚斋、止叟。江苏武进人。1870 年经杨艺芳介绍,入李鸿章幕,办理淮军行营内文案兼充营务处会办。因办事干练,深得李的赏识。李鸿章任直隶总督兼北洋大臣后,开办了诸多军用和民用企业,盛宣怀颇多参与。1872 年任轮船招商局会办。由于总办朱其昂专办南漕海运,商局事务实际由盛主持。1876 年任湖北煤铁开采总局督办。1881 年因收购旗昌轮船公司中有受贿之嫌,先后遭山西道监察御史董翰、国子监祭酒王先谦参劾,最终由李鸿章庇护,免遭革职查抄,离开招商局,改任河间兵备道。同年,任电报局总办。1884 年署津海关道,升任招商局总办。1886 年调任登莱青兵备道兼东海关监督。1887 年由李鸿章指派,与周馥、马建忠一起与美国商人米建威筹开华美银行,因内外反对未果。1892 年调补津海关道兼津海关监督。次年,上海机器织布局遭火焚,李鸿章派其规复。盛在原址重建华盛纺织总厂,任华盛纺织总局督办。甲午战争中,办理前敌后路粮台转运事宜,颇有"侵蚀浮冒"之嫌,战后遭人弹劾,廷旨命直隶总督王文韶、湖广总督张之洞会同查办。因为是采买军米,朝旨严切,尽管李鸿章曾为之开脱,无用。盛将祸有不测,王本袒盛,张甚恶盛,盛乞张竭力保全。正好张此时被汉阳铁厂搞得焦头烂额,铁厂自开办以来已亏空 400 多万两,无法维持,正打算议改商办。张示意盛宣怀,只要盛能接办,为他弥补亏空,就与王联衔复奏。但盛趁机提出由他组织铁路总公司,经办卢汉铁路,因为有了铁路,铁厂的铁轨就有销路。张之洞为求脱身,只好表示同意。但盛当上铁路大臣之后,铁路招股又遇到困难,于是决定开办银行。此后遂有开办通商银行一幕。1911 年 5 月授邮传部大臣。辛亥革命爆发后,被革职,永不叙用。1916 年盛病逝于上海。棺枢葬于江阴,"文革"中被毁。

盛　康　字旭人。江苏武进人。盛宣怀之父。进士出身。曾任安徽庐州(今合肥市)、宁国知府、湖北盐法道、武昌道、浙江候补道。一生注意经世之学,辑有《皇朝经世文续编》,对盛宣怀日后的思想影响不小。晚年购置苏州留园以居,直至去世。

李鸿章　字少荃。安徽合肥人。进士出身。官至大学士。长期任直隶总督兼北洋大臣。在任期间,主持和创办了一系列近代军用和民用企业,诸如江南制造局、开平矿务局、轮船招商局、中国电报局、津渝铁路、上海机器织布局等,委任盛宣怀、马建忠、徐润、唐廷枢等经办其事。辛丑议和,代表清政府在《辛亥条约》上签字。有《李文忠公全集》。

赫　德　英国人。字鹭宾。1855 年任英国驻宁波副领事助理,1859 年任粤海关副税务司,1861 年代理总税务司,1863 年继李泰国为总税务司,直至 1908 年请假回国,在中国海关任总税务司长达四十八年之久。以海关为基地,控制中国财政收入,干涉中国内政。有凡近代中国重大政治、军事、外交、关税、外债等事情无不与他有关。是英国侵华的主要代表人物之一。

张之洞　字孝达,号香涛,晚号抱冰。直隶南皮人。同治进士。1889 年(光绪十五年)任湖广总督期间,创办汉阳铁厂,因生产经营经费严重短缺,负债数百万两。为求解脱,改由盛宣怀招商承办。盛宣怀趁机提出经办铁路总公司的要求,因为有了铁路,铁厂生产的铁轨便有了销路。于是张氏与直督王文韶再联名保举,经旨准,任命盛宣怀为督办铁路总公司大臣。晚年调任京职,官至大学士、军机大臣。有《张文襄公全集》。

王文韶　字夔石,号赓虞,晚号退圃。浙江仁和(今杭州市)人。咸丰进士。1895 年(光绪二十一年)李鸿章因甲午战败,失去北洋地盘,王文韶被任命为直隶总督兼北洋大臣。王文韶早年读书于江苏嘉定,与翁同龢、盛宣怀父子多有往来。当张之洞决定将汉阳铁厂改交盛宣怀招商承办,他与张氏联衔保举盛宣怀督办铁路事宜。盛宣怀筹开通商银行,王氏再一次表示支持。清末新政颇多参与。官至大学士。

翁同龢　字均斋,号叔平。江苏常熟人。咸丰状元。1897 年时任总理衙门大臣、军机大臣、户部尚书。翁、盛是江苏同乡,早在盛宣怀任津海关道时,就与翁同龢发生联系。甲午战后,李鸿章失势,盛宣怀与翁同龢联系进一步加强。在盛宣怀奏请开办通商银行一事上,他表示全力支持。并在他主持下,户部拨银 100 万两交通商银行储存。1898 年(光绪二十四年)翁同龢因支持戊戌变法,被开缺回籍。戊戌政变中他再遭严谴,革职永不叙用,并交地方编管。1904 年在原籍病逝。1909 年(宣统元年)开复处分。有日记、诗文集行世。

荣　禄　字仲华,号略园。满洲正白旗人。官至军机大臣、大学士。盛宣怀向总理衙门呈递通商银行章程后,他在复议时对银行章程颇多驳诘、刁难。

袁世凯　字慰亭(又作慰庭)。河南项城人。李鸿章去世时,保荐其为直隶总督。因权益之争,与盛宣怀矛盾甚深。

沈葆桢　字幼丹,号翰宇。福建侯官(今福州市)人。道光进士。官至两江总督。林则徐女婿。在任曾支持创办轮船招商局,支持招商局收购美商旗昌轮船公司。

奎　俊　字乐峰。满洲正白旗人。官至内务府大臣、江苏巡抚。抚苏期间,曾协助盛宣怀追讨镇江分行尹稚山亏欠通商银行行款。

端　方　字午桥,号陶斋。满洲正白旗人。早年在工部任职,为翁同龢的下属。思想趋新,在江苏巡抚任上支持盛宣怀查抄尹稚山家产,弥补行亏。深得摄政王载沣赏识,官至两江总督,旋改直隶总督。宣统二年(1910年),慈禧灵柩奉安东陵,他因穿过神道拍照,隆裕太后遂借此将他罢免。1911 年四川保路运动发生,奉旨率兵前往镇压。途经资阳,与弟端锦同为新军所杀。生前喜收藏,死后藏品散失。

载　振　即伦贝子,奕劻长子。任商务部尚书。

周　馥　字玉山。安徽建德人。李鸿章幕僚,历任津海关道、两江、两广总督。曾协助盛宣怀查抄尹稚山家产,弥补镇江分行亏空。

经元善　号莲珊。浙江上虞人。父亲经纬,在上海开埠不久来沪,开设钱庄,后为上海钱业公所董事。经氏早年随父学贾,后通过参加慈善、赈济活动,于 1879 年与盛宣怀相识,次年上海机器织布局开设,经郑观应推荐,任驻局专办。1882 年与盛宣怀、郑观应、谢家福等集资创办上海电报局,任会办。在通商银行创办过程中,经氏予以大力支持。戊戌政变后,慈禧太后阴谋废黜光绪帝,另立溥儁为“大阿哥”。经氏得知后,联合各省在沪绅商士民 1200 多人，领衔致电总理衙门，公开表示反对。慈禧下令通缉，经氏逃往澳门。作为电报局督办的盛宣怀为了摆脱干系，捏造经氏携局款潜逃。1903 年经氏卒于上海。

杨荫伯 即杨寿枢，字荫伯。军机处章京。奕劻内阁制诰局局长。

温　灏 字佐才。通商银行香港分行大班。香港电报局提调。

郑孝胥 字苏龛，又字苏戡。福建闽县（今福州市）人。曾为盛宣怀幕僚。

周　冕 字少逸。黑龙江候补道。漠河金矿总办。

沈能虎 字子梅。直隶候补道。招商局会办。

黄开文 字锡臣。京城电报局委员。

周万鹏 字翼云。候选同知。中国电报局提调总管。

李维格 字一琴。候选郎中。汉阳铁厂会办，后为总办。汉冶萍炼铁厂矿务公司协理。1912 年后为汉冶萍公司工作部经理，1916 年为该公司高等顾问。

林志熙 汉冶萍公司协理，后因贪污，被撤办。

巢梧仲 字凤仪。浙江试用知县，杭州电报局委员。盛宣怀妹夫。

小田切万寿之助 日本人。号富卿。日本驻上海总领事，横滨正金银行董事兼监督。日人小山、上田等伪造通商银行钞票，中国要求引渡嫌犯，他以"伪造他国钞票，日本法律无专条"加以拒绝。

满　德 全名福克。英国人。泰来洋行行东、信义洋行经理、军火商，与盛宣怀关系密切。

福开森 美国人。博士。中文名"茂生"。南洋公学总教习。1908 年盛宣怀保举他为邮传部洋文秘书。通商银行为追讨梁景和亏空，向香港地方法院控诉梁的保人梁绍刚，要求索赔，曾派福开森前往香港交涉。

盛葵臣 即盛昌颐，字颂曾，号我俞，又号夔臣。盛宣怀长子。

盛艾臣 即盛同颐，字念曾，原名润颐，号我身，又号艾臣。盛宣怀第三子。

盛我京 即盛文赜，字惠曾，号我京，又号幼庵。盛宣怀堂弟盛宙怀长子。

盛端颐 即盛我璠，字曾绪，又字悦曾。盛宣怀堂兄盛宇怀次子，盛春颐之弟。

辜鸿铭 字汤生。曾任大冶铁矿翻译委员，与洋矿师一起工作。

张赞辰 字韶甄。湖北候选道。萍乡煤矿总办，汉阳铁厂提调。

王　勋　字阁臣。同知衔。大冶铁矿总办。

宗得福　原湖北东湖县知县,汉阳铁厂会办。

黄建莞　字花农。历官天津道,江宁布政使,与盛宣怀关系密切。曾协助通商银行追讨镇江分行尹稚山亏欠行款。

徐　润　字润立,号雨之,别号愚斋。广东香山(今中山市)人。初为洋行买办,后入参李鸿章幕。曾任招商局会办。后为盛宣怀排挤出局。

管廷献　字近仁。光绪进士。历官编修、御史。曾对通商银行筹建、铸币等问题如何防弊,呈递奏折。曾任翁同龢家庭教师。

马建忠　字眉叔。江苏丹徒(今属镇江市)人。年少时,适逢太平天国起义,与兄马相伯流寓沪上,入法国传教士所办教会学校徐汇公学读书。1876 年(光绪二年)奉派赴法留学,兼任清朝驻法公使郭嵩焘翻译。1879 年获博士学位回国。后入李鸿章幕,曾参与有关朝鲜问题交涉。并担任轮船招商局会办、上海机器织布局总办。1887 年(光绪十三年)美商米建威计划与中国合资创办华美银行,他受李鸿章指派,与盛宣怀、周馥等与米建威进行建行交涉,由于该行严重侵害中国主权,在内外一片反对声中,未能办成。有《适可斋记言记行》《马氏文通》行世。

马相伯　又名良。江苏丹徒(今属镇江市)人。马建忠之兄。11 岁入上海法人创办的依纳爵公学(即徐汇公学),后入徐家汇天主教耶稣教小修院进修,获神学博士学位。1872 年任徐汇公学校长。此后出使日本,任驻日参赞、神户领事。1887 年(光绪十三年)李鸿章与美商筹设华美银行,他被李氏派往美国,负责向美国洽谈借款办行事宜。1903 年创办震旦学院。辛亥后一度代理北京大学校长。他是著名的民主革命活动家。有《马相伯先生文集》。

张振勋　字弼士,号肇燮。广东大埔人。通商银行首席总董。咸丰年间赴南洋,在爪哇领地垦荒,组织垦植公司,兴办矿务、轮船航运等。1890 年(光绪十六年)任清朝驻槟榔屿领事,1895 年任驻新加坡总领事。1905 年被清政府授为太仆寺正卿,商部考察外埠商务大臣。在国内曾创办烟台张裕酿酒公司、广厦铁路公司,广西三岔银矿、雷州垦牧、广东福惠公司。1910 年任全国商会联合会会长。辛亥后任华侨联合会名誉会长。1915 年赴美考察,筹办中美银行和中美轮船公司。次年,病逝于巴达维亚。

严信厚　守筱舫。浙江慈溪人。通商银行总董。早年在上海宝成银楼任职。后入李鸿章幕,为淮军襄办饷械。曾任河南盐务督销,署长芦盐务帮办。以经营盐务发家致富,此后投资新式企业。1900 年组织上海总商会。

曾任上海商业会议公所经理。

叶成忠 字澄衷。浙江镇海人。通商银行议董。买办出身。经营五金百货,开办火柴、缫丝厂。

杨廷杲 字子萱。通商银行议董。上海电报局提调。

杨文骏 字彝卿。广东人。通商银行议董。原为雷琼道员。

施则敬 字子英,一写紫英。通商银行议董。举人出身。经营丝织品致富,办过赈捐。任汉冶萍煤铁厂矿总公司董事,后曾任中华书局董事等。

刘学询 字问刍。广东香山(今中山市)人。通商银行成立初为议董,不久退出。广东巨商。

朱佩珍 一名朱葆三。浙江定海人。通商银行驻行办事董事。早年为上海日商平和洋行买办。1878年(光绪四年)开设新裕洋行,经营进出口贸易。此后投资保险、电力、航运交通、自来水、面粉等行业。汉冶萍煤铁厂矿总公司董事。一度出任上海总商会会长。

严潆 字芝楣。通商银行驻行董事。为招商局商股代表。

陈猷 字辉庭。通商银行议董。为招商局商股代表。

陈淦 字笙郊。浙江绍兴人。通商银行首任华大班。原为上海钱业董事、咸康钱庄经理。

美德伦 英国人。通商银行首任洋大班。原为英商汇丰银行天津分行办事员、上海仁记洋行洋东。

马歇尔 又写作马西尔。英国人。原为通商银行洋帐房大写,后升任洋帐房第二任洋大班。

拉打 一写赉德、莱德。英国人。通商银行香港分行洋大班。

哈罗而特 英国人。通商银行北京分行洋大班。

厚士敦 英国人。通商银行天津分行洋大班。

顾咏铨 一写詠铨,字润章。江苏常州人。通商银行驻行办事董事。盛宣怀外甥,盛家管家。后升任通商银行董事兼副华大班。常州栖留所代表人。

谢纶辉 浙江绍兴人。通商银行第二任华大班。

王存善 字子展。通商银行驻行办事董事,汉冶萍煤铁厂矿总公司董事。

沈敦和 字仲礼。浙江慈溪人。通商银行驻行办事董事。汉冶萍煤铁厂矿总公司董事。中国首任红十字会会长。

庆宽 满族。曾任通商银行北路总董。系内务府郎中。

钦玉如　负责为盛宣怀经管股票、单据、统计事宜。

费云卿　盛宣怀表弟,专管往来密电。

李朴臣　专门联系广仁堂事务。

何嗣琨　字眉生。盛宣怀幕僚,总理南北洋公学事务。

于凤池　字醴泉。书办正稿,兼汉冶萍董事会书记。

李辅臣　书办帮稿,兼办商约事宜。

骆熙赞　书办帮稿,兼办商约事宜。

朱景昌　盛家苏州留园管事。

潘守模　字理吾。上海愚斋义庄会计。

王尔卓　字立峰。常州义庄管事。

蒋　焕　字伯明。广仁堂管事。

谢光甫　浙江绍兴人。谢纶辉之子。通商银行第三任华大班。

冯志先　一写志仙、紫仙。江苏吴县洞庭西山(今苏州市)人。北京电报局提调。

宋汉章　名鲁。浙江余姚人。早年于上海中西书院学习,毕业后入上海电报局任职。1897 年(光绪二十三年)后入通商银行,担任查帐员、市场调查员。后随电报局总办经元善前往港澳,负责翻译。此后曾任储蓄银行董事、中国银行经理、上海总商会会长等职。

陈其美　字英士。浙江吴兴人。同盟会员。1911 年 10 月武昌起义爆发后,陈其美策动响应,宣布独立,被举为沪军都督。查封清政府在上海的中国、交通银行。并派人清查通商银行帐略,没收清政府度支部币制局存放通商银行银 30 万两。1916 年陈因反对袁世凯的帝制活动,被袁派人刺死。

傅筱庵　名宗耀,以字行世。浙江镇海人。1919 年前后曾任北京政府国务院高等顾问、财政部驻沪特派员、中国银行监理官、上海造币厂及全国烟酒公卖局监督、上海总商会会长、轮船招商局董事兼船舶科长、产业科经理及内河轮船总局总经理、中国通商银行董事长兼总经理。1927 年他因支持北洋军阀孙传芳,对抗国民革命军北伐军进军上海,遭通缉,逃往大连。1932 年后任上海华兴水火保险公司、汉冶萍煤铁厂矿总公司董事长。1935 年币制改革,失去通商银行董事长和总经理一职,改为中国通商银行常务董事。兼任四明商业储蓄银行、中华地产公司、龙章造纸厂、商办江南铁路公司、上海内地自来水公司、耶松造船厂等董事,又任中国建设银公司、中国国货银行监察人,祥大源五金号店主。1938 年上海沦陷,投靠日本,充当汉奸,出任伪大道市长。1941 年其家朱姓厨师为杜月笙所收买,将其砍死。

杜月笙 本名镛,字月笙,以字行世。上海浦东高桥人。通商银行董事长。早岁在外滩十六铺一带从事水果生意,后加入青帮,与黄金荣、张啸林等结识。1927年4月,中共领导上海第三次武装起义成功。杜受蒋介石指示,组织流氓地痞充当打手,配合蒋介石发动"四一二"反革命政变,大肆屠杀共产党员和工人民众。自此成为"海上闻人"。当过黎元洪秘书的饶汉祥曾书赠杜氏一联:"春申门下三千客,小杜城南尺五天。"其门人三教九流、流氓地痞、贩夫走卒、文人墨客、达官显贵,各种政治色彩的人均有。杜在攫取通商银行董事长前,曾创办中汇银行。傅筱庵因反对国民革命,遭国民革命军北伐军通缉,逃至大连。后杜氏通过拉拢南京国民政府军政部的徐桴、朱孔阳的关系,为傅解除通缉,通过在通商银行加入"干股",将自己的势力打入通商银行,成为通商银行董事。1935年国民政府实行币制改革,国民政府官僚资本趁机将通商银行攫取到手,改为官商合办,委任杜氏为通商银行董事长兼总经理一职。杜氏以通商银行为工具,利用日本侵华战争,进行投机活动,效忠国民政府中的官僚权贵,大发国难财。迁总行于重庆,拓展内地业务,扶持西北地区工商业。1938年任国民政府赈济委员会常务委员,兼任港澳救济区特派委员。上海沦陷后,任国民政府在沪统一工作委员会常委。1942年亲历三秦,实地考察,筹设陕西冶铁厂,投资襄城三秦面粉厂,设立通商银行兰州、西安等分行。抗战期间,后方物资匮乏,民生日用所需,补给不易,物价腾贵。他"密商留沪至友,采购棉纱数千件、布匹数千捆,设法内运。居奇斗赢,坐拥多金。其后黄金案起(指炒买黄金和所谓归还通商银行"官股")为官民痛斥",指其"攫取非分之财"。1945年8月,日本战败投降。受蒋介石指使,与戴笠、美国海军准将梅乐斯合谋组织,迎接盟军,接收上海。9月,任国民政府农林部京沪特派员。"担任"全国轮船同业公会理事长、地方协会会长、纺织业同业公会理事长、上海市参议会议长等。上海解放前夕,协助汤恩伯企图死守上海。1949年3月携带家眷和大批财富前往香港。1951年8月16日,在香港坚尼地台寓所病逝。蒋介石特颁"义节聿昭"四字,以表彰他反共反革命的一生。

骆清华 上海人。通商银行总行副经理。抗战期间,曾协助杜月笙开设重庆分行及成都、兰州、西安等内地分行。

杜维藩 上海高桥人。杜月笙长子。曾任通商银行总行协理。

杜维屏 上海高桥人。杜月笙次子。曾任通商银行上海分行经理。

容 闳 字达萌,号纯甫。广东香山南屏镇(今属珠海市)人。中国第一个毕业于耶鲁大学的留学生。1854年回国。曾赴太平天国首都天京访问,提出七项新政建议,其中有创立银行制度,开办银行,发行钞票。甲午战后,多次向清政府提议开设银行,主张开办户部银行。著有《西学东渐记》一书。

洪仁玕　字谦益,号吉甫。广东花县人。洪秀全族弟。拜上帝会成员。1851 年金田起义,他因未赶上起义,次年转至香港,结识瑞典传教士韩山文。1853 年至上海,谋至天京,未果。是年冬,仍回香港,以教书为生。1858 年离港,自广州经陆路,秘密至天京。次年,封为干王,总理朝政。向洪秀全呈送《资政新篇》,提出开办银行、发行钞票的主张。他的金融知识主要得知于香港、上海及传教士那里。1864 年太平天国起义失败,他在江西被俘杀害。

郑观应　原名官应,字正翔,号陶斋,别号杞忧生。广东香山(今中山市)人。咸丰年来沪学贾,先后在宝顺洋行、太古轮船公司任买办,积累诸多从商经验。1880 年(光绪六年),受李鸿章邀请,先后出任上海机器织布局总办,轮船招商局帮办、总办,上海电报局总办。他与盛宣怀关系密切。通商银行筹办和开张后,郑观应多所赞划,指出:"泰西各国多设银行以维持商务,长袖善舞,而银行为百业之总枢,以浚财源,维持大局。"1896 年,盛宣怀从张之洞手中接办汉阳铁厂后,委派郑观应为铁厂总办。郑上任后,首先解决焦炭问题,自行设局买煤炼焦,修建萍株铁路,削减煤价,降低成本。其次大办职业技术教育,培养人才,取代洋匠洋技师。削减钢轨成本,提高质量,为汉阳铁厂日后经营发展奠定了基础。著作有《盛世危言》等。1922 年去世。

李经方　字伯行。安徽合肥人。李鸿章之子。早年曾游历欧洲。1890—1892 年(光绪十六年至光绪十八年)间出任驻日本公使。甲午战败,随李鸿章马关议和。1910 年(宣统二年)任驻英公使。通商银行因天津"梁案"上诉伦敦皇家法院,盛宣怀曾致函李氏活动英国上层,协助打赢官司,后因辛亥革命发生而不果。

李钟珏　原名安曾,改名钟珏,字平书、瑟斋,晚号且顽。上海宝山人。曾任广东遂溪知县,因反对法国强占广州湾被革职。1903 年任江南制造局提调,兼通商银行、招商局、上海铁路局总董。辛亥革命中,曾任江苏都督府民政长。著有《且顽老人七十岁自叙》。

三、通商银行早期史上若干问题辨伪

通商银行是国人开办的第一家银行,从 1897 年成立,到 1952 年并入中国人民银行上海市分行，前后存在 55 年之久，开办距今也已有 120 年。它经历晚清、北洋、南京国民政府、汪伪政府和新中国等不同历史时期，其间经营模式也多有变化，以至于人们对它早期史上的有关人与事不甚清楚，甚至有搞错的。本文就它创办的时间、股本数目、分行数、最初的华大班是谁、盛宣怀指定的总董是哪几位、任用洋大班及洋大班在银行钞票上签字等问题作一辨伪，以澄清其历史真实，供后人不再讹误。

（一）关于创办时间

关于银行创办时间，许多史书上说法不一。

一说是 1896 年（光绪二十二年）。如：

1935 年（民国二十四年）出版的《全国银行年鉴》上说："中国通商银行创办于前清光绪二十二年。"

鲁传鼎在《中国通商银行成立记》一文中说："中国通商银行为国内商业银行的鼻祖，开办于光绪二十二年十月（西历 1896 年）。"①

《上海市通志·金融篇》中说："我国人民鉴于钱庄、票号金融机关绝不能与外国银行分庭抗礼，遂于 1896 年（光绪二十二年）效法外国银行办法，在上海设立中国通商银行。"（上海市通志馆未刊稿）

彭信威在《中国货币史》一书中说："光绪二十二年（公元 1896 年）中国设立第一家新式银行——中国通商银行。"②

张郁兰在《中国银行发展史》一书中说："中国第一个自办的新式银行——中国通商银行创办于 1896 年。"③张在其所著的《中国银行业发展史》一书中也这么说。

吴纪宪在《盛宣怀与辛亥革命》一文中说："1896 年，他（指盛宣怀）在取得铁路督办的要职时，还声言要兼办银行。他利用入京接受任命的机会，向清政府献计，并取得清政府的支持，由他招集商股，设立银行，于是中国通商银行成立了。"④

周伯棣在《中国的纸币（鸦片战争到 1919 年）》一文中说："盛宣怀于光绪二十二年（1896 年）首先奏请部款，招募商股，设立中国通商银行于上海。"⑤

---

① 《银行界》第六卷第三期，民国三十三年四月出版。
② 彭信威：《中国货币史》，第 612—613 页。
③ 《中南财经学院学报》1957 年第 2 期。
④ 《江汉学报》1961 年第 3 期。
⑤ 《人民日报》1964 年 11 月 14 日。

以上说法是把盛宣怀 1896 年（光绪二十二年）条陈《自强大计折》附设银行片误作通商银行成立的时间了，比银行正式开办时间整整提早了一年。

一说是 1897 年 11 月 2 日（光绪二十三年十月八日）。如：

《上海研究资料续集》中说："光绪二十三年十月初八日（1897 年 11 月 2 日），盛宣怀等首创中国通商银行。"

郭孝先在《上海的内国银行》一文中说："当时我国人民深知有改革金融机关之必要，遂于 1897 年 11 月 2 日（清光绪二十三年十月初八日），由盛宣怀首先创办中国通商银行。"[1]

一说是 1898 年。如：

林增平在《中国近代史》一书中说："1898 年，盛宣怀创办中国通商银行，和帝国主义勾结，分润了一些清政府外债的利益。"[2]

一说是 1897 年 5 月 27 日（光绪二十三年四月二十六日）。持此说的人很多，此处就不一一列举了。

中国通商银行开办的时间只能是一个，它创办的真实时间是 1897 年 5 月 27 日，即光绪二十三年四月二十六日。

1896 年 11 月 1 日（光绪二十二年九月二十六日），盛宣怀向光绪帝条陈《自强大计折》，及设立达成馆、开设银行两个附片，向清政府提出开办银行的建议。折中说："银行仿行于泰西，其大旨在流通一国之货财，以应上下之求给，立法既善于中国之票号、钱庄，而国家任保护权利无旁扰，现又举办铁路，造端宏大，非急设中国银行，无以通华商之气脉，杜洋商之挟持。"（《愚斋存稿》卷一）清廷将盛宣怀的奏折发交军机处、户部、总理衙门妥议。同年十月初八日（11 月 12 日），清廷批准盛宣怀开设银行的建议。"责成盛宣怀选择殷商，设立总董，招集股本，合办兴办，以收利权。"盛宣怀奉旨后，即开始着手筹开银行。新银行取"通商惠工"之意，定名为"中国通商银行"。为了扩大银行影响，英文行名为"中华帝国银行"。经数月筹备，于 1897 年 5 月 27 日（光绪二十三年四月二十六日），在上海黄浦路原大英银行旧址上正式挂牌成立。对于这个成立时间，盛档资料《银行往来电稿抄存》中亦有记载："丁酉年四月二十六日，银行总董来电：昨奉电遵妥办，今日开张，中外官商来贺甚众。"这是银行开办当日，总董打给远在汉口的盛宣怀的电报。电报中的"丁酉年四月二十六日"即 1897 年 5 月 27 日。盛宣怀因参加中比卢汉

---

[1]　《上海通志馆季刊》（第一年），1933 年。

[2]　林增平：《中国近代史》（下），湖南人民出版社 1979 年版，第 620 页。

铁路借款合同谈判,未能出席银行成立典礼。在同年另一则电报中,对开办时间说得更直截了当:"四月初八日,扬州何芝翁去电:银行二十六日开张。"可见通商银行开办的时间只能是 1897 年 5 月 27 日(光绪二十三年四月二十六日),而不是其他时间。

(二)银行开张时股本究竟是多少

关于通商银行开办时的股本数目,许多史书文章上说法也不一致。

有说是 2500 万两的。如周伯棣在《近代中国的纸币(鸦片战争前后到一九一九年)》一文中说:"盛宣怀共积 2500 万两,设立中国通商银行于上海。"①

有说是 500 万两的。如民国二十四年出版的《全国银行年鉴》一书中说:"中国通商银行创立于前清二十二年,招商股五百万。"

也有说是 250 万两的。如宋汉章在《五十年来中国金融之演进》一文中说:"当光绪二十三年,清廷为挽回利权起见,方招股设立银行,其时商股共计五百万两,先收半数。"②

第一种说法绝对是错的,第三种说法数字是正确的,但不完整。不过说是 500 万两和 250 万两都有一定的原因。盛宣怀在筹办通商银行初期,曾计划招集商股 500 万两,但招股不易,后来决定先收一半,待招足 250 万两,银行就正式开办。光绪二十三年正月的《中国通商银行大略章程》和光绪三十一年的《中国通商银行章程》"银行资本"条中均说"银行资本二百五十万两",这些都说明银行开办时股本为 250 万两。为什么说宋汉章的说法不完整呢?宋氏未参加银行初期活动,对银行开办的细节不甚了解。银行招股本来很顺利,但经总理衙门王大臣驳诘后,招股工作大受影响,退股者众多。己酉年三月二十日(1909 年 5 月 9 日)通商银行总董会议记录上记载说:"银行股本 250 万两本已招齐,忽有总署咨驳之件,以致谣言纷起,商情稍有观望。""当初银行招股未足,由督办盛宣怀垫银三十四万两,方足二百五十万两股本之数,当就填就股票六千八百股,仍存银行。光绪三十四年汉阳铁厂借用银行三十六万两,议定将全厂抵押,长年息九厘,以息抵付押息,经公同酌议,所有宫保(指盛宣怀)垫付股本以及应还银行押款两相抵,彼此清算,所有铁厂押款之凭据即日交还,其股票亦归银行收受。"(案存中国人民银行上海市分行档案室)可见到银行开张前夕,250 万两的股本还缺 34 万两,是

---

① 《人民日报》1964 年 11 月 14 日。

② 《中国通商银行创立五十周年纪念专辑》,商务印书馆 1947 年版。

盛宣怀用个人的款项补足，才达到 250 万两之数。银行开张时实际股本银只有 220 多万两，盛宣怀垫出的 34 万两是空头股，并未用实银去购买，无疑是名副其实的"干股"。至于开张时，户部拨存通商的 100 万两，那是存款，虽有临时资本作用，但毕竟不是股本。而且创办时，盛宣怀明确表示银行不领官股，他反对官督商办。他自己是清朝官僚，被清廷命为督办，怎么不是"官督商办"呢？他实际是反对其他官僚插手，干扰他罢了。

（三）银行开办时的华大班究竟是谁

中国通商银行开办时，曾仿照外国银行的办法，推行洋大班洋帐房和华大班华帐房制度。关于洋大班的记载比较清楚，多数史书文章说是美德伦（A. W. Maltland），这一记载是正确的。但是关于华大班的记载，说是谢纶辉，那就错了。如：

周葆銮在《中华银行史》一书中就写道："该行（指通商银行）系前清光绪二十三年由盛宣怀合股开办的。聘谢纶辉为华经理。"①

秀堂在《我国第一家银行——中国通商银行》一文中写道："中国通商银行成立时，特聘请当时钱业领袖谢纶辉为华经理。"②

鲁传鼎在《中国通商银行创立记》一文中写道："初聘英人美德伦为洋经理，钱业领袖谢纶辉氏为华经理。"③

张郁兰在《中国银行业发展史》书中写道：通商银行创立时，"仿效汇丰银行的章程而以商界名人为总董，上海北市负有盛名的承裕钱庄的经理谢纶辉氏为华经理"。④

陈真、姚洛合编的《中国近代工业史资料》（第一辑）中说："不特此也，新式银行的经营亦是由这些钱庄经理所主持。例如中国通商银行的最初经理就是在上海北市信用最厚的承裕钱庄经理谢纶辉。"⑤

谢纶辉是做过通商银行华大班，而且他的儿子谢光甫也做过通商银行的华大班，但他不是银行开办时的首任华大班。银行开办时的华大班是陈淦。陈氏，字笙郊，一写圣郊，浙江绍兴人。通商银行开办时，他是上海钱业公会董事，咸康钱庄的经理。由于他"声望素著"，"众所交推"，是当时上海

① 周葆銮著：《中华银行史》，第六编第八章《中国通商银行》，文海出版社。
② 《新世界》，第 5 期，第 27—29 页。
③ 《银行界》第六卷第三期。
④ 《中南财经学院学报》1957 年第 2 期。
⑤ 陈真、姚洛合编：《中国近代工业史资料》（第一辑），生活·读书·新知三联书店 1957 年版，第 319—320 页。

银钱界的领袖人物,因而受到盛宣怀的赏识。盛宣怀很想借助他在上海银钱业内的威望,为新银行拓展业务,打开局面,因而决定聘他为银行华大班,主持华帐房。但陈氏做事谨慎,怕担风险、怕麻烦,因此经营很不得法,以致银行经营严重亏损,因而为盛宣怀所不满。1905 年 8 月他去世后,总董一致决定聘请谢纶辉为华大班。并于同年 9 月订立聘请合同。谢处事沉稳果断,为人不卑不亢,深得内外信任。果然不负众望,经他努力,银行不仅弥补了全部亏空,而且公积有了逐年增加,利息也由六厘恢复到原先的八厘,进而增至一分二厘。1918 年 5 月,他以老病请辞,总董会议以其有功于银行,不允。"谢纶辉大班当年进本行担任办事,实为补救危局,数十年以来,股本甫经恢复,实与本行有存亡关系,万无准其告退之理。"①次年谢纶辉去世后,为了表示对他为银行所做贡献之感谢,破例聘请其子谢光甫为副华大班,后升任董事兼华大班。人们之所以不提陈淦为华大班而只提谢纶辉,也许是因两人在银行作为不同,故意不提,有抑陈褒谢之意在内。

（四）银行开办时盛宣怀究竟指定了几名总董

通商银行开办时,廷旨要盛宣怀选择股商,集股开办。"选董"为开办时的一件重要事情。关于开办时盛宣怀究竟选了几位总董,史书上历来说法不一。

有说是 2 位。如周葆銮在《中华银行史》一书上说:"中国通商银行成立时,选盛宣怀、王惟善为正副总董。"②这个说法完全错误,盛氏奉旨为"督办",廷旨令他去选董,他怎么会自己选自己为总董呢? 从道理上说不通。另一位名叫王维善者,查遍盛档银行资料,根本就无此人。若有,恐怕是王存善(子展)之误,否则没法解释。总董不分正副,只有驻行办事与非驻行办事之分。

有说是 9 位的。如杜月笙在《五十年来之中国通商银行》一文中说:"当时设总董张振勋、刘学询、叶成忠、杨文骏、杨廷杲、施则敬、严信厚、朱佩珍、严潆等 9 人,以严潆为驻行办事总董。"③

有说是 10 位的。《上海研究资料续集》中说:"上谕下来,接着就在上海设立筹备处,由杨文骏、叶成忠、张振勋、严信厚、刘学询、施则敬、陈猷、严潆、杨廷杲、朱佩珍这 10 位指定的总董先生。"

---

① 《银行总董会议纪录》(民国七年四月)。
② 第六编第八章《中国通商银行》。
③ 《中国通商银行创立五十周年纪念册》。

说是 2 位,肯定不对。说是 9 位,漏了陈猷。陈氏,字辉庭,是盛宣怀专门从招商局调来的,一是陈氏与盛关系很深,完全可以信赖;二是新选的其他总董,盛还不太熟悉,选他可使盛放心。陈氏任总董时间很长,直到 1920 年才告老辞职,杜月笙不可能不知道,他为什么不提他,也许另有原因。不过在五十周年纪念时搞了一份银行董、监名录,里面将许多人搞错了,一人两个名字有之,字号不分、前后颠倒者有之,所以在备注中特别作了说明:"其在前清时代,无成案可稽,间有旧卷,大半片鳞半爪,不能前后衔接。"又说这些名单都是"从行中旧同事中展转咨访所得,挂漏之处,在所不免",这也许是漏提陈猷一因吧。

说是 10 位是对的,总董指定是逐个进行的,不是一下子定下的。即使选中的,也还有更换的。盛宣怀在光绪二十二年十二月第一次选的 8 人中有邹凌瀚,但过了几天就换成了叶成忠。挑选董事、更换董事,盛宣怀电报往来存稿中均有记录。光绪二十三年正月十九日,盛在致天津道张振榜和黄建莞(花农)电报中说:"银行总董张振勋之下添列叶成忠为第二,邹凌瀚即删去。"不久又添了杨文骏、严潇。这 10 名总董是经过反复权衡协调,最终到次年二月才正式确定下来的。不过,其中广东富商刘学询只担任了数日,就宣布不干,回广东去了,董事会议宣布将他除名,实际日常任事的只有 9 位,将陈猷漏掉,是不对的。

《上海研究资料续集》中讲的 10 位总董名字是对的,但名字排列顺序有误。10 人社会地位、职衔有高下,认购股份有多寡,所以排序很有讲究。现依据盛档资料,依次而排顺序:张振勋是华侨巨商,任清朝驻南洋商务大臣、驻新加坡领事,认股银 10 万两,地位显赫,指为首席总董。叶成忠、严信厚都是号庄和商业界大佬,各认购股银 10 万两,所以位列第二、第三,其他依次类推。10 总董正确排名应当是:张振勋(弼士)、严信厚(筱舫)、叶成忠(澄衷)、杨文骏(彝卿)、刘学询(问刍)、严潇(芝楣)、杨廷杲(子萱)、施则敬(子英)、朱佩珍(葆三)、陈猷(辉庭)。

(五) 通商银行开办初年究竟开设多少家分行

通商银行开办后,到底开设了多少家分行,到目前为止,一直说不清楚。

有说是 2 处。《上海研究资料续集》中说:"民国以前,通商银行在天津、汉口曾设立过 2 个分行,但是时运不通,在庚子和辛亥两次风波里都收束了。"

也有说是 7 处。杜月笙在中国通商银行创立五十周年纪念开幕词中说:"当时分行有北平(即北京)、天津、汉口、汕头、广州、烟台、镇江等处。"

（案存上海人民银行档案室）

可是杜月笙在《五十年来之中国通商银行》这篇纪念文章中则又说有18处。当时"全国各行省，均先后设立分行。重要者计有：北平（北京）、天津、保定、烟台、汉口、重庆、长沙、广州、汕头、香港、福州、九江、常德、镇江、扬州、苏州、宁波等处，而新加坡分行亦曾动议筹设。"①

还有说是11处。金研在《清末中国自办的第一家银行——中国通商银行史料》一文中说："通商银行在开办后的三年中，在汉口、北京、福州、广州、镇江、烟台、香港、汕头、重庆、保定等地设立了分行。"②

此外，也有些文章引用光绪二十四年盛宣怀在筹办中国通商银行次第开办情形折和光绪二十三年盛宣怀致浙江布政使恽祖翼函中讲的"银行已推行10处"的说法，说分行开设有10处。③

银行开办初年究竟开设了多少家分行呢？盛宣怀是一位具有雄心壮志的人，根据他的银行计划，他要把通商银行办成一个像汇丰银行那样的、分行遍设国内外各主要城镇、工商业都市的国际大银行。在国内各省会、通商口岸、主要城镇设立分行，凡有条件的均要设立，为了实现这一目标，在总行成立后他便开始着手筹设各处分行。可能是因为这一点，所以杜月笙在五十周年纪念会上讲了在全国各大行省均先后设立分行的话，但实际并没有做到。外国银行势力强大，钱庄、票号、官银号根深蒂固，通商只此一家，资本微弱，势单力薄，根本做不到这一点。根据盛档资料，分行开设分为特设和自设两种情况，特设分行由总行直接派人设立，除了聘用华大班，还聘用洋大班。自设分行一般由分行所在地官绅自筹、总行认可，并分拨一定数量资金以资运行，彼此签订合同，照章开办。截止到1905年，特设分行有北京、天津、香港3处。自设分行有汉口、九江、镇江、广州、汕头、福州、烟台、重庆、宁波、保定、沙市、常德、长沙、新加坡等14处。这些自设分行中有3家是盛宣怀专设的，一家是汉口分行，一家是九江分行，是专为办理汉冶萍公司与银行业务而设立的；另一家是保定分行，则是专为卢保铁路与总行业务往来而设立的。据统计，在盛宣怀任督办时期，前后共设过17处分行，但大部分在义和团运动后，因行亏严重，分行收益甚微，先后被裁撤。有些分行如扬州、常德、长沙因招股太少，实际并未开办。苏州分行虽有其名，但无

---

①《中国通商银行创立五十周年纪念册》。

②《学术月刊》1961年第9期。

③《盛宣怀未刊信稿》。

其实,并无专门经营机构。到辛亥革命前夕,各处分行几乎全行关闭,只有北京、天津为了追收旧欠,重新开设,北京不专设分行而在袁宝隆的金店设代理处,天津分行则兼营汇兑,不再放款。汉口分行在辛亥革命中为冯国璋的北洋军所焚毁。到民国元年,分行只剩下北京代理处一处。至于傅筱庵经理时期,开设的分行、支行比较清楚,前面多有论述,且大多集中在上海和浙江、江苏地区。至于杜月笙经理时期,因为战乱,分行开设情况比较紊乱,已知的有虹口、南市、爱多利亚路、舟山、定海、宁波、苏州等分支,抗战中又增开重庆、成都、自流井、桂林、西安、兰州、洛阳、天水、宝鸡、庆阳等家分行,统计也不一致,由于军事交战,城镇失守,分行随设旋撤情形多有,因资料缺乏,此处就不再论述。

（六）关于聘用洋大班和银行钞票由洋大班签名一事真相

关于聘用洋大班和银行钞票由洋大班签名一事,许多史书常常将它说成是盛宣怀崇洋媚外之举,是他勾结帝国主义的罪证。如果用阶级斗争观念来衡准人物的是非功过,这些观点并不奇怪。但若依据历史事实而论,则是另一回事。在盛宣怀督办银行的年代,这是学习借鉴西方银行之举,意义非同寻常。

在通商银行开办前,外国在华开设的银行已多达 20 多家,若加上这些银行的分支,则达 90 多个。而中国则无一家。现在国人要自办,唯有取法外国。英商汇丰银行办得最好,取法汇丰、聘用汇丰人员办行在情理之中。聘用外人为洋大班本意还有借此可与外行加强联络、开展业务,不致遭外行排斥。但因通商的开办本有"挽外溢之权"的意图,因此开办后遭到外人的欺视和外行的排挤。1917 年,在通商未被外国银行公会吸收为会员前,通商银行的票据不为外行认可,通商的钞票不为外商承认,非但如此,列强如英、俄、奥地利、日本等国及外国银行还利用通商经营困难企图吞并它,伪造通商钞票企图搞垮它。在这种情况下,银行迫不得已,才用洋大班在票据和钞票上签名,以此换取外国的承认,这不能不说是银行的生存之道。发行钞票是银行增加利润、扩大资本的一个重要手段,通商钞票不能流通使用,何来利润可言？光绪二十四年,通商发行的钞票计有银元券、银两券两种。银元券的票面额分 1、5、10、50、100 元五种,总发行额为 100 万元。银两券的票面额亦分 1、5、10、50、100 两券五种,发行总额 50 万两。这是中国人自己最早发行的银行钞票,不同于当时中国钱庄、票号发行的庄票和号票,它都是由英国伦敦钞票公司用机器承印,底以花纹,饰以双龙图案,印有"中国通商银行钞票永远通用""凭票即付""只认票不认人"字样,当时票面上尚无英文行名。这次发行的钞票已经很少见到。彭信威的《中国货币史》一书中印有一枚一两券的钞票。洋大班签字方能生效的行票是第二次印制的钞票。1903 年日人山下忠太郎等伪造通商钞票发生行钞被挤兑风潮后,于 1904 年由银行决定将第一次发行的旧钞 100 万元全部收回作废,另请英国伦敦钞票公司(Barclay & Fry Ltd. London)承印新钞银元券 5、10、50 元三种,计 150 万元,并于 1905 年正式投入使用。票版至今仍存放在英国伦敦(D. Co. Ld London)(案存上海市人民银行档案室)。新钞增印了新的图纹标识,钞票正反面均刊加时间,西历刊于正面,华历刊于票背,钞票正面加印了(The Imperial Bank of China)即"中华帝国银行"英文行名。辛亥革命以后又将"Imperial"改为"Commercial",代表"商业"的意思。有人说钞票是由日本东京王子造纸局及印刷局承印,这一说法纯属子虚乌有,根本不存在。英印行钞使用时由美德伦用英文在票背签名,现在这种钞票早已不见。1935 年,南京国民政府实行币制改革,中央、交通、中国三行钞票被指定为法定货币。通商银行自从前清领有的钞票发行权至此丧失。此后通商银行钞票在金融市场上就此消失,成为金融博物馆的文物。此外要说的是,面对封建官僚势力对银行活动的干扰,银行推出洋大班出面处理、交涉,也是情有可原和不得已的。在"官怕洋人"的屈辱时代,为求生存,迫而于此,不能责怪。所以,我们对银行聘用洋人为大班,钞票由洋大班签字方能生效一事,须用理性思维去看待。任何脱离历史实际、吹毛求疵的评论都是妄评、胡说,是不足取的。

四、本书参考书目文献资料举要

盛宣怀:《愚斋存稿初刊》,华东师范大学图书馆古籍部藏本。

邵循正编:《盛宣怀未刊信稿》,华东师范大学图书馆藏本。

盛重颐等编:《盛宣怀行述》,华东师范大学图书馆古籍部藏本。

谢俊美编:《中国通商银行——盛宣怀档案资料选辑之五》,上海人民出版社 2000 年版。

陈旭麓、顾廷龙、汪熙主编:《汉冶萍公司——盛宣怀档案资料选辑之四》(全三册),上海人民出版社 1984 年版。

陈旭麓、顾廷龙、汪熙主编:《轮船招商局——盛宣怀档案资料选辑之八》,上海人民出版社 2002 年版。

中国人民银行上海市分行金融研究室编:《中国第一家银行》,中国社会科学出版社 1982 年版。

中国人民银行上海市分行编:《上海钱庄史料》,上海人民出版社 1960 年版。

《中国通商银行公信录》《总董会议记录》,未刊,上海人民银行资料研究室藏。

中国通商银行编:《中国通商银行创立五十周年纪念册》,1947 年版。

刘秉麟:《近代中国外债史稿》,神州国光社版,华东师范大学图书馆藏本。

杨荫溥:《上海金融组织概要》,华东师范大学图书馆藏本。

杨荫溥:《中国金融论》,华东师范大学图书馆藏本。

张辑颜:《中国金融论》,华东师范大学图书馆藏本。

雷麦:《外人在华投资》(中译本),华东师范大学图书馆藏本。

陈其田:《山西票庄考略》,香港大东图书公司印行,华东师范大学图书馆藏本。

王承志:《中国金融资本论》,华东师范大学图书馆藏本。

彭信威:《中国货币史》,华东师范大学图书馆藏本。

上海通志馆编:《上海市志·金融篇》,上海图书馆藏本。

张郁兰:《中国银行业发展史》,《中南财经学院学报》1957 年第 2 期。

周葆銮:《中华银行史》,华东师范大学图书馆藏本。

张家骧:《中华银行史》,华东师范大学图书馆藏本。

许涤新:《中国经济的道路》,华东师范大学图书馆藏本。

陈秀夔:《中国财政史》,华东师范大学图书馆藏本。

钱亦石:《中国近代经济史》,华东师范大学图书馆藏本。

杨端六:《清代货币金融史稿》,湖北人民出版社 1958 年版。

戴逸等主编:《清代人物传稿》,辽宁人民出版社 1984 年版。

恒社旅台同人编:《杜月笙先生(镛)纪念集》,民国四十年八月。

陈旭麓、李华兴主编:《中华民国史辞典》,上海人民出版社 1991 年版。

贾逸君:《杜月笙传》,台湾文海出版社影印本。

谢俊美:《盛宣怀与中国通商银行》,《档案与历史》1985 年第 2 期。

陈度:《中国近代币制问题汇编》,华东师范大学图书馆藏本。

吴承禧:《中国的银行》,商务印书馆 1934 年版。

吴群敢:《在华外商银行的概况》,现代经济通讯社 1949 年版。

徐寄庼:《最近上海金融史》(上、下册),香港大东图书公司印行,华东师范大学图书馆藏本。

屠诗聘主编:《上海市大观》,华东师范大学图书馆藏本。

郑观应:《盛世危言》,台湾文海出版社影印本。

吴汝纶编:《李文忠公全集》,海南出版社影印本。

许同莘编:《张文襄公(之洞)全集》,台湾文海出版社影印本。

翁万戈编,翁以钧校订:《翁同龢日记》,中西书局2012年版。

陈真、姚洛等编:《中国近代工业史资料》(第一辑、第二辑),生活·读书·新知三联书店出版社1957、1958年版,上海图书馆藏本。

汪敬虞编:《中国近代工业史资料》(第二辑),科学出版社1957年版,上海图书馆藏本。

朱寿朋编,张静庐等校点:《光绪朝东华录》,中华书局1958年版。

《银行周报》《中央银行月报》《银行界》《新世界》等杂志,上海图书馆藏。

后　　记

　　参加盛档未刊资料整理是我离开南开后,从事学术研究迈出的第一步。掌握史料是从事史学研究的首要前提。没有史料,无法阐述历史过程,更不可能对研究的对象作出实事求是的评论。大量的盛档未刊资料为我日后的近代史研究拓宽了新思路,提出了许多新见解,真是个难得的机遇,我要衷心感谢上海图书馆,感谢顾廷龙馆长,感谢导师陈旭麓教授!此外,参加盛档未刊资料整理也是我融入上海史学界的重要一步。在这里,我有幸认识了复旦大学、上海师范大学、上海社会科学院、上海经济研究所、上海历史研究所的一批学者,结识了上海图书馆的许多研究馆员,以及上海人民出版社的许多编辑,他们年高德韶、谦逊和蔼,都是我的良师益友,我从他们那里学到了许多知识和治史方法以及如何做人,他们对我日后的研究给予了许多帮助和支持。难忘武曦研究馆员,他为人正直,对我阅读曾给予了不少帮助,惜英年早逝,令人痛心不已。难忘朱金元编辑,这是一位极富思想见解的学者型编辑,他对陈旭麓导师非常崇敬,帮助也很多。爱屋及乌,他对我也是偏爱有佳,一直鼓励我勇敢攀登科学高峰。他不仅鼓励和支持我,而且先后帮我出版了《翁同龢传》《政治制度与近代中国》等著作。在此,向他以及所有关心和帮助我的学者们表示衷心感谢。

　　盛档未刊档案资料的整理工作实际在 1980 年就告一段落。按照原计划,我在整理好通商银行资料后,再整理中国电报局的资料,而且我还将这部分资料大致翻阅过,但最终因为种种原因,未能如愿。到 1981 年春,盛档资料整理工作就正式结束了,原先分给我负责整理中国电报局这部分资料的工作无形中泡汤。我回到学校后,一边继续整理消化通商银行的资料,一边到市里和其他地方查阅了与此相关的其他金融、经济资料。其间花费数月,翻阅当时存放在外滩中国银行内的通商银行的总董会议记录、银行公信录、洋帐房、华帐房的残存帐册。在此基础上,将盛宣怀与通商银行的关系确定为我研究生的毕业论文。由于我对经济史特别是金融史很陌生,在导师陈旭麓教授的指授下,我先后多次拜访了金融史专家洪葭管先生。洪先生和蔼可亲,一点架子也没有。他学问扎实,曾整理过上海钱庄史料。他虽未见过盛档中通商银行档案资料,但通过钱庄史料中保存的有关通商银行的史料对通商银行作了很好的研究。他毫无保留地将他整理的民国以后通商银行与工商界、钱庄拆放款的有关资料数据提供给我参考。每当想起这些,我总是心怀感激。在此,再一次向洪先生表示感谢。汪熙是我参加盛档资料整理的直接指导老师,我在前言中说过了,但是这里还要说,他很能干,对我也很关心,帮助也很大。每当我整理中遇到一些疑难的字和不熟悉的人物向他请教时,他总是尽其所知告诉我。他当时家住延安路上的模范新村,距上图较近,他往往都是第一个到图书馆,第一个坐在那里整理资料,最后一个离开,以身作则,很是感人。是我的论文是在 1981 年 5 月基本完成的,经系里同意准予答辩。当时参加答辩的导师有丁日初、魏建猷、唐振常、吴乾兑、林增平等先生。林先生是外出开会,正好路过上海,应陈师邀请,特地留下参加答辩的。会上,导师陈旭麓只是对我作了简短的介绍。丁先生是研究经济史的,答辩中,只有他提了一些意见。因为论文主要依据盛档未刊资料,答辩老师基本都没有见过,所以也提不出什么具体意见,就这样通过了。如今这些先生都先后作古,离开人世。借此,对他们一并表示深切的怀念!

本书的出版得到上海人民出版社副总编辑兼上海书店出版社社长许仲毅先生的大力支持。许先生多年来一直关注和支持我的学术研究,我的许多著作都是在他大力关心下出版的。责任编辑邹烨、孙语婧为了本书的早日出版,字斟句酌,一丝不苟,备极辛劳,在此也一并向他们表示衷心感谢!

谢俊美

2017 年 4 月 8 日于

武定坊北州书屋寓所

图书在版编目(CIP)数据

中国通商银行简史/谢俊美著.--上海:上海书店
出版社,2018.7
ISBN 978-7-5458-1649-5

Ⅰ.①中… Ⅱ.①谢… Ⅲ.①中国通商银行-银行史
Ⅳ.①F832.9

中国版本图书馆 CIP 数据核字(2018)第 106532 号

责任编辑　邹　烨　孙语婧
封面设计　郦书径
技术编辑　丁　多

中国通商银行简史

谢俊美　著

出　　版　上海书店出版社
　　　　　　(200001　上海福建中路 193 号)
发　　行　上海人民出版社发行中心
印　　刷　上海叶大印务发展有限公司
开　　本　700×1000　1/16
印　　张　11.25
字　　数　185,000
版　　次　2018 年 7 月第 1 版
印　　次　2018 年 7 月第 1 次印刷
ISBN 978-7-5458-1649-5/F·40
定　　价　48.00 元